Remontar las crisis

Coordinación editorial:
DÉBORA FEELY

Diseño de tapa:
MVZ ARGENTINA

ALDO SCHLEMENSON

Remontar
las crisis

El desenvolvimiento
de las organizaciones en su contexto

GRANICA

BUENOS AIRES - MÉXICO - SANTIAGO - MONTEVIDEO

© 2007 *by* Ediciones Granica S.A.

BUENOS AIRES   Ediciones Granica S.A.
Lavalle 1634 - 3º G
C1048AAN Buenos Aires, Argentina
Tel.: +5411-4374-1456
Fax: +5411-4373-0669
E-mail: granica.ar@granicaeditor.com

MÉXICO   Ediciones Granica México S.A. de C.V.
Cerrada 1º de Mayo 21
Col. Naucalpan Centro
53000 Naucalpan, México
Tel.: +5255-5360-1010
Fax: +5255-5360-1100
E-mail: granica.mx@granicaeditor.com

SANTIAGO   Ediciones Granica de Chile S.A.
San Francisco 116
Santiago, Chile
E-mail: granica.cl@granicaeditor.com

MONTEVIDEO   Ediciones Granica S.A.
Salto 1212
11200 Montevideo, Uruguay
Tel./Fax: +5982-410-4307
E-mail: granica.uy@granicaeditor.com

www.granica.com

I.S.B.N. 950-641-512-9

Hecho el depósito que marca la ley 11.723

Impreso en Argentina. *Printed in Argentina*

Schlemenson, Aldo
   Remontar las crisis : el desenvolvimiento de las organizaciones en su contexto - 1a ed. - Buenos Aires : Granica, 2007.
   264 p. ; 22x15 cm.

   ISBN 978-950-641-512-9

   1. Organizaciones. 2. Conducción Empresarial.
I. Título
   CDD 650

ÍNDICE

PRÓLOGO

Este libro se ocupa de una experiencia compartida, de sucesos que hemos atravesado, que nos afectan como individuos, como miembros de familias, de organizaciones en las que asumimos responsabilidades profesionales y comunitarias.

Nos referimos en él a una crisis que forma parte del contexto, del medio ambiente en el que nos desarrollamos, y que atraviesa nuestras vidas como otros tantos contextos particulares.

Las crisis vienen ocurriendo desde lejos, pero en las últimas décadas han pegado fuerte, y asumieron nuevas formas y características como parte de un fenómeno que ha dado en llamarse "globalización".

En los países, en el mundo, se vinculan con cambios abruptos inesperados que comienzan con índices y tendencias, y que aluden a un deterioro en el ambiente que va acentuándose en una espiral regresiva: esta parece no tener retorno, y amenaza con riesgos de diverso carácter para la subsistencia.

Por nuestra parte, hace más de dos décadas venimos ocupándonos también del tema de la crisis y del "contexto turbulento" en relación con las organizaciones; ahora el suceso que nos motiva gira en torno a la crisis que compromete a la Argentina y cuyo pico más agudo se produjo alrededor del año 2001. La amenaza que representó fue muy significativa, devastadora para ciertos grupos sociales.

Muchas organizaciones que la padecieron sucumbieron a ella. El estado de ánimo colectivo sufrió el impacto, al verse comprometido el sentimiento básico de supervivencia, la esperanza ligada con proyectos, con la vida de trabajo, constituyentes tan importantes de la pertenencia y de la identidad.

No es esta la primera crisis que nos tocó vivir. Como país, hemos tenido crisis económicas y políticas diversas. Las situaciones agudas adquieren a veces el carácter de una "catástrofe virtual" (el dramatismo de la expresión está ligado con los sentimientos, acontecimientos y fenómenos que se movilizan y producen en tales circunstancias). Por lo general, se trata de procesos que dejan huellas y secuelas, y que despiertan la necesidad de introducir cambios duraderos para no padecerlas nuevamente. Ninguna crisis es sólo individual, afecta a muchos sistemas interdependientes, a países, a continentes y al mundo. Como venimos sugiriendo, es un emergente de procesos globales y de circunstancias que es preciso comprender, al menos un poco más y en un sentido profundo. La profundidad partirá, en este caso, de incluir en el análisis las motivaciones humanas comprometidas. El conocimiento que pretendemos extraer de todo esto debe permitir incrementar nuestra capacidad de controlar el medio social al que pertenecemos y la gobernabilidad de nuestras organizaciones, como para dejar de padecer pasivamente las consecuencias de las turbulencias y de las incertidumbres imperantes en el contexto.

La preocupación del ser humano por entender los fenómenos del ambiente que lo rodea constituyó un estímulo para el desarrollo del conocimiento y, a la vez, representó un avance en el control de la naturaleza impetuosa que se nos impone. Lamentablemente, hemos avanzado sobre la naturaleza haciendo un despliegue destructivo de nuestras potencialidades y un uso poco racional de nuestros recursos. Tal vez lo hicimos olvidándonos de que somos parte integrante de la naturaleza. En efecto, en el afán por dominar y controlar lo incierto para lograr mayores certezas y mayor poder, se corre el riesgo de descuidar y desatender una gama amplia de necesidades genuinas de la persona humana y del mismo medio ambiente. Para lograr organizaciones más competitivas y eficaces, solemos descuidar ciertas condiciones internas, susceptibles de tenerse en cuenta en las estrategias de diseño, que son las que hacen a la satisfacción de las necesidades del hombre que coinciden con las necesidades de protección del medio ambiente natural. Es demostrable que tal omisión contribuye al deterioro y no al fortalecimiento de los sistemas humanos. Hay otra forma de avanzar y de lograr efectividad respetando la convivencia y la reciprocidad con nuestros semejantes. La tecnología social, en su desarrollo, ha de ser compatible con las necesidades sensatas de una conducta normal. La estabilidad, la continuidad y la evolución progresiva de los sistemas sociales de los que somos protagonistas privilegiados depende de un esfuerzo compartido. El conocimiento de la estructura, de los procesos y de la dinámica de dichos sistemas constituye el primer paso para el ejercicio de un control y una gobernabilidad que aspiramos a que sean, al menos, un poco más constructivas que lo que resultaron hasta ahora.

Kurt Lewin, a quien se cita reiteradamente en esta obra, señaló que la mejor forma de conocer cómo funciona un cuerpo social surge del intento de modificarlo. A esto podríamos agregar que la crisis, al ejercer un impacto tan significativo en nuestras instituciones y en las personas mismas, invita a un cambio para adaptarse a ella y, a su vez, ofrece una oportunidad sin igual para profundizar el conocimiento acerca del funcionamiento de esas entidades –nos referimos en particular a organizaciones empresarias, y también a otras de todo tipo– en sus intentos por "controlar" y adaptarse a tal impacto. Es esta la intención que anima el presente trabajo: aprender de la experiencia y de la lectura de los sucesos.

En su libro *El árbol del conocimiento,* Varela y Maturana aportan una anécdota que mueve a la reflexión sobre la naturaleza humana aplicada al afán de conocer, utilizar, controlar y relacionarse con los sucesos del medio ambiente natural y social que nos rodea. Relatan estos autores que hay "en el zoológico del Bronx, en Nueva York, un gran pabellón especialmente dedicado a los primates. Uno puede encontrar así la posibilidad de ver en buenas condiciones a los chimpancés, gorilas, gibones y tantos otros monos del nuevo y del viejo mundo. Llama la atención, sin embargo, que al fondo haya una jaula especialmente separada, cerrada con gruesos barrotes. Al acercarse uno ve un título: 'El primate más peligroso del planeta'. Y al mirar entre los barrotes, puede ver con sorpresa su propia cara reflejada en un espejo. Aclara la leyenda que el hombre ha matado a más especies sobre el planeta que ninguna otra especie conocida".[1]

A esta anécdota que destaca la notable capacidad destructiva que lleva al ser humano a ser un verdadero depredador del planeta, se debe acotar que lo opuesto es también muy evidente. De la observación de las personas en situaciones de trabajo insertas en un marco organizacional, puede apreciarse que existe un caudal constructivo y creativo enorme, que merece ser alentado cuando los sistemas organizativos se diseñan para favorecer las relaciones de colaboración que abonan la confianza y la reciprocidad. Los sistemas –entre ellos, organizaciones diversas y empresas– tienen la capacidad de liberar la constructividad humana. Y estos no son meros supuestos especulativos, sino que se basan en valores fácilmente incorporables en las prácticas de diseño de las organizaciones y en la determinación de las mejores prácticas gerenciales y de conducción.

En nuestro caso, al tema de la crisis nos condujo nuestro trabajo profesional con organizaciones. La experiencia de numerosas intervenciones concretas a través de los años

---

1. Maturana, Humberto y Varela, Francisco, *El árbol del conocimiento*, Santiago de Chile, Editorial Universitaria, 1984, pp. 12-13.

nos proveyó de una fuente de observación sistemática directa y una vivencia primaria de hechos que han comprometido la estabilidad de las empresas e instituciones diversas con las que nos tocó trabajar en calidad de "agentes de cambio" profesional, requeridos para ayudar a remontar procesos conflictivos, desestructurantes, de los sistemas que solicitaban nuestra colaboración. Los casos ofrecieron, a su vez, la posibilidad de realizar una suerte de "*benchmarking*" de las experiencias de resolución exitosas de los problemas emergentes.

Desde nuestros comienzos profesionales venimos colaborando en procesos y proyectos de consultoría que involucran situaciones críticas diversas en empresas familiares, grandes organizaciones, instituciones educativas, etcétera. Hemos colaborado en procesos de reforma de la administración pública por más de diez años, y participado en experiencias de desarrollo comunitario con cooperativas agrarias de diversas regiones de nuestro país, entre otros trabajos. La experiencia con empresas familiares nos ha ofrecido, amén de una casuística muy interesante, la posibilidad de estudiar organizaciones concretas en crisis que son parte de su desarrollo.

Toda empresa fundada por un individuo o grupo es parte de la carrera y el proyecto personal de sus fundadores. Pero, a la vez, la empresa, como entidad económica generadora de riqueza para sus dueños y para la comunidad en la que está inserta, como "motor del progreso" (según Schumpeter), está llamada a trascender a sus sucesores, y la singularidad de un proyecto personal. Este hecho hace de "la sucesión" algo crucial, cargado de significaciones simbólicas asociadas con ansiedades y conflictos ambivalentes que se juegan entre los fundadores y sus descendientes. Se trata, para la empresa, de un hecho político que para los involucrados se transforma en una confrontación muchas veces conflictiva de intereses y fantasías. De allí que, en relación con el tema sucesorio y con la necesidad de continuar, la mayoría de las empresas transita serias crisis de cuya resolución favorable depende su supervivencia. Es hoy un lugar común la anécdota que cuenta que cuando un banco recibe una solicitud de crédito de una empresa familiar, lo primero que hace es averiguar qué generación ocupa la conducción, dado que la creencia popular divulgada expresa que el fundador la funda, la segunda generación la conserva y la tercera la funde. Creemos que es esta una visión demasiado nihilista y determinista de la problemática, pero debemos admitir que –en efecto– la etapa del consorcio de primos es la que concentra el momento más álgido de un desarrollo empresario en una empresa familiar. Muchas veces, los fundadores, para evitar a sus descendientes esta crisis de continuidad, eligen ellos mismos la fragmentación del capital, aun cuando esto constituya un acto antieconómico. Es así como emprendimientos económicos importantes y significativos se fragmentan anticipadamente a expensas de un proyecto que, considerando su potencialidad económica y creativa, podría ser más importante.

El campo de experiencias con el que contamos es suficientemente amplio como para intentar dejar consignadas reflexiones y conclusiones.

Es desde estas experiencias, perspectiva y rol profesional que deseamos partir, para reflexionar acerca de los problemas que han afectado a tal grado la vida de instituciones tan importantes como las descritas. La reflexión es fundamental en el proceso de construcción del conocimiento, especialmente cuando se basa en la experiencia y en la descripción sistemática de hechos y consecuencias. Las acciones que nuestros sistemas sociales y empresariales suelen acometer adolecen muchas veces de la falencia de no basarse en fundamentos rigurosos y coherentes, surgidos de una reflexión previa, sistemáticamente realizada.

En las disciplinas de la organización y el management sobran las recetas y las recomendaciones prácticas, pero faltan buenas fundamentaciones para las cosas que se proponen. La teoría está desprestigiada, a pesar del conocido apotegma de Kurt Lewin, según el cual "no hay nada más práctico que una buena teoría". A falta de un marco conceptual coherente y sólido, lo que suele ofrecerse es una ensalada ecléctica de soluciones que no resisten demasiado pruebas de consistencia y contrastación sistemática más profundas.

De las crisis nunca hay que hablar en pasado: de diversas maneras y en distintos puntos de la espiral progresiva que involucra el desarrollo, se repiten cíclicamente y a veces van resolviéndose en forma espontánea como parte de la dinámica intrínseca del propio desarrollo. Es a través de los aciertos o desaciertos de quienes tienen la responsabilidad de vivirlas y conducirlas en tanto protagonistas como se va progresando. En nuestro caso, de lo que nos ha ocurrido extraemos experiencias y enseñanzas, algunas de las cuales reflejamos en este nuevo libro.

Aspiramos a que nuestras conclusiones resulten útiles a todos los protagonistas que puedan aprender de su lectura: dueños, gerentes, funcionarios, consultores, etcétera. Todos ellos podrán extraer experiencias, deducir cuál es la forma "requerida" de encarar los desafíos que implican la organización y la conducción de una muy amplia gama de emprendimientos sociales. Buscar la "organización requerida" ofrece un camino que parte de una descripción sistemática y apegada a los hechos de lo que actualmente existe, y que contiene contradicciones, malestares, conflictos e ineficiencias que todos saben que es necesario resolver para perdurar en el tiempo y crecer.

La crisis tiene una característica: nos compromete a todos, no deja a nadie afuera. Y aclarado esto, queremos agregar que hablar de crisis es hablar de múltiples niveles en los que la crisis opera.

Las crisis globales ocurridas alrededor de las dos últimas décadas, que a su vez han determinado crisis en entidades particulares, muestran como factor común dos condiciones muy importantes. La primera es que en ellas el desencadenante es externo, proviene del medio ambiente, del contexto, del mercado y de lo que dio en llamarse el mundo o la globalización. Y la segunda es que –como se dijo– nos compromete a todos, no deja a nadie afuera.

Es evidente que la diversidad de empresas, de individuos, de sociedades humanas –pequeñas y grandes– inmersas en un contexto turbulento demuestran su fortaleza a través de su capacidad para lidiar con eventos relativamente impredecibles, generadores de crisis en sus propios sistemas. De estas experiencias exitosas queremos sacar un molde, elaborar conclusiones constructivas.

Estamos persuadidos de que hay una experiencia, una investigación realizada que puede arrojar conclusiones significativas para enfrentar mejor estos eventos críticos. Conociendo los resortes internos que se movilizan, podemos ahorrar energía material y humana, evitando así los efectos potencialmente devastadores, y aportar soluciones al desarrollo que está implícito –como capacidad potencial– en todo sistema social humano de cualquier forma y tamaño.

Deseamos poder contribuir a tal desarrollo de las organizaciones, empresas, agencias de la comunidad, instituciones, que en las últimas dos décadas han sido afectadas por múltiples impactos crisógenos y que, en determinados picos de catástrofe, se insinuaron como experiencias que parecían al menos terminales para esos sistemas, cuestionados por las circunstancias.

Y no hablamos exclusivamente de las crisis emergentes de un contexto turbulento. En los párrafos anteriores hemos mencionado una forma de crisis que suele afectar a las empresas familiares y que surge de los procesos sucesorios.

Es un tipo de crisis que podríamos denominar endógena, por generarse como consecuencia de tendencias internas que pujan por el desarrollo, en contradicción o conflicto con otras que empujan en la dirección opuesta.

Para poder acometer esta intención general que nos anima, la de ayudar a orientar procesos de crisis, creemos necesario realizar algunas operaciones concretas que giran alrededor de dos enfoques que iremos analizando: 1) la construcción de un marco teórico basado en conceptos claramente definidos acerca de las propiedades de las entidades que se hallan en cuestión y acerca de la crisis misma como situación, como concepto y como proceso; y 2) una propuesta de cambios, práctica, sistemática que se refiere a pasos que hay que dar y a un método, además del de la "intervención en crisis".

De estas dos operaciones concretas –que desarrollamos aquí sucintamente– surge el plan del libro:

En la Introducción se describen, desde el plano de los sucesos, hechos y fenómenos que a nivel mundial y nacional nos han afectado. Se expone el fenómeno de la crisis, y cómo impacta en sus protagonistas.

En el primer capítulo comienzan a precisarse ciertos conceptos básicos y a desarrollarse el marco teórico que permitirá afrontar con eficacia un conjunto de estrategias y cambios que más adelante se proponen.

En el segundo capítulo se perfila la crisis como concepto y se esbozan definiciones que luego se abren hacia una descripción de distintos mecanismos y dinámicas implícitos en las situaciones de crisis.

En el tercer capítulo se retoma el tema del contexto y se muestra –más detalladamente– cómo se expresa este fenómeno en diversos niveles de análisis. Simultáneamente, se trata uno de los aspectos centrales del enfoque del libro, vinculado con las relaciones entre contexto y metacontexto.

El cuarto capítulo entra en el tema de la subjetividad, que se corresponde con un nivel de análisis individual de la conducta. Es el que aportan los individuos, y tiene un efecto fuertemente determinado en la orientación del proceso. En este capítulo se expone un caso relativo a la pérdida del empleo que le ocurre a un trabajador maduro.

En el quinto se caracterizan etapas en el desarrollo de un proceso de crisis, diferenciadas entre sí por la forma en que se manifiestan las ansiedades, los conflictos y por cómo operan las transformaciones.

En el sexto se presenta un esquema esencialmente práctico acerca de las siete dimensiones básicas que es preciso tener en cuenta para analizar un sistema, preponderantemente organizativo, en situación de crisis. De este esquema de las siete dimensiones, se desprende un modelo diagnóstico.

Se señalan pasos y se proponen proyectos concretos ligados con cada una de las siete dimensiones.

En el capítulo séptimo se desarrollan desde el punto de vista metodológico las estrategias de intervención en crisis, y se rastrean las experiencias fundamentales por las que se fue progresando en este campo.

Finalmente, las conclusiones (Capítulo 8) vinculan la problemática de la crisis con las enseñanzas que ella deja a sus protagonistas.

Es este un escueto resumen de los contenidos de este trabajo; confiamos en que ayude a su lectura y a su aprovechamiento práctico.

INTRODUCCIÓN

Iniciando nuestro análisis, esta introducción se ocupa de la crisis en su sentido global, que compromete a una serie amplia de contextos particulares, insertos en lo que hemos denominado un contexto "crisógeno" (cuando aludimos a contextos menores hablamos aquí tanto de los individuos como de los grupos, las instituciones y las organizaciones que se desenvuelven en un medio ambiente amplio y particular). Hablamos de la crisis que se impone desde afuera: desde el deterioro de la atmósfera, el país, la región, el mundo globalizado, etc., donde se producen alteraciones y cambios abruptos determinantes de un contexto turbulento. La perspectiva que hace hincapié en el contexto resulta doblemente interesante, porque esta textura turbulenta e inesperadamente cambiante hasta llegar a la violencia en la que los sistemas menores se desarrollan, constituye una característica central de la época.

Si lo que se busca es modificar –cambiar– el acontecer de un sistema menor en crisis, que se halla en problemas que afectan su continuidad y su efectividad como tal, es preciso –entonces– observar el contexto más amplio de los acontecimientos. De tal lectura surgen las lecciones necesarias para advertir lo que se ha modificado y los códigos que han cambiado (cuyo desciframiento se impone para encontrar nuevas estrategias, necesarias para la continuidad).

Hoy abundan las referencias al tema de la crisis, concepto tan impreciso como su denominación misma.

El término "crisis" alude a un conjunto de hechos y fenómenos que comprometen una serie amplia de sistemas vinculados entre sí por relaciones sucesivas de inclusión y/o interdependencia: personas, grupos, organizaciones, instituciones, países, regiones, mundo, insertos en un momento histórico y en un medio ambiente cultural y político particular. No obstante su imprecisión y la multiplicidad de ámbitos a los cuales se refiere, este concepto evoca experiencias y hechos que todos conocemos y que nos involucran emocionalmente. Se dirá que, por el compromiso que nos liga a tales hechos y experiencias, carecemos –en relación con ellos– de la distancia óptima que tradicionalmente reclama una aproximación objetiva en el logro de estrategias de organización, diseño, conducción de esos procesos, y para el asesoramiento profesional. Pero la objeción no impide, sin embargo, intentar comprender los fenómenos y así hallar la forma de colaborar con quienes padecen la crisis para ayudarlos a transitarla reflexivamente y emerger fortalecidos de la experiencia. El compromiso con los hechos y la circunstancia de estar inmersos en ellos forman parte no sólo inevitable sino también ineludible del fenómeno. Somos a un tiempo protagonistas y observadores ligados con la acción y con nuestra cultura. Nacemos y nos movemos en medio de crisis: ellas nos atraviesan y son parte de nuestra identidad personal. Tenemos que aprender a vivir la incertidumbre que su permanencia representa. Entonces, puesto que la intención es modificar el trayecto o la transición de una realidad problemática, tensionante y conflictiva determinada, es menester mirar el contexto: es por eso que este primer apartado se refiere a la crisis desde una perspectiva global.

Nos queremos referir en particular a la crisis de la Argentina que tuvo su pico crítico en el período 2001-2002, y a una serie de consecuencias institucionales, organizacionales y empresariales asociadas con ella. No intentamos circunscribir el tema a este caso particular, sino que se lo toma como un ejemplo que, sin duda, permite entender y explicar fenómenos similares que ocurren en otros lugares del mundo y en otros ciclos históricos. Tomar este caso específico permite analizar una realidad inmediata que nos es conocida con algún detalle. El "caso particular" se erige en ejemplo de situaciones aberrantes parecidas que ocurren en otros lugares frente a las mismas circunstancias.

En la historia del hombre, las crisis son recurrentes. Se muestran en acontecimientos, circunstancias y hechos que ejercen una fuerte influencia en los individuos, en las familias, en las organizaciones, en los países. Tienen que ver con la supervivencia, con la sensación de riesgo y amenaza que se le impone a un sistema particular por el hecho de estar transitando una condición generadora que es asimilada a un hecho ajeno, externo al sistema que sufre el impacto. Y todo ello hace a la gobernabilidad de los sistemas humanos. Hoy el rumbo de los acontecimientos está determinado por circunstancias y fenómenos que caracterizan una crisis específica: vivimos en un mundo de cambios abruptos, en el que los acontecimientos exceden la capacidad de los sistemas humanos para comprenderlos, decodificarlos y así poder planificar y aprender a sobrellevarlos. Intentar describir las circunstancias y fenómenos característicos de los tiempos que nos ha tocado vivir conduce a un "embrollo" de problemas y de niveles de análisis, a complejos conjuntos de variables que incluyen el ambiente de los acontecimientos y a los individuos particulares, en una interacción de ida y vuelta y de mutua determinación. Es muy amplia la variedad de cuestiones ambientales propiamente dichas y económicas, sociales, políticas y de valores que entran en juego y modelan el espectro de los hechos.

Y puesto que la trayectoria de los individuos y de las organizaciones está atravesada por una gran variedad de situaciones críticas, este libro se orienta, justamente, a contribuir a la comprensión de las dinámicas psicosociales intervinientes.

Por una parte, la crisis sigue un derrotero desestructurante y desintegrador del sistema individual, grupal, organizacional, social; pero por otra, favorece el desarrollo de soluciones creativas que se insinúan desde el comienzo del proceso. Durante el trayecto, pueden cundir amenazas e incertidumbres, o una ansiedad generalizada que impregna todos los niveles en que se manifiestan las conductas. La práctica y la reflexión nos han mostrado que cuando un sistema en crisis emerge satisfactoriamente del proceso, lo hace fortalecido por la experiencia, y que los efectos logrados se extienden a la serie abierta de sistemas incluyentes e incluidos vinculados con tales procesos.

La conceptualización de experiencias de intervención organizacional en situaciones de crisis es un tema que clama por un lugar necesario en la investigación, a fin de consolidar metodologías de abordaje posibles y realistas. Contamos a favor con el hecho de que en la literatura psicosociológica –y en especial en lo que ha dado en llamarse "psiquiatría social"– existe desde hace varias décadas una modalidad denominada "intervención en crisis" que aspiramos a valorizar, ya que los nuevos sucesos y catástrofes de nuestro tiempo, asimilables a terremotos o maremotos reales o metafóricos (y no por eso menos contundentes), obligan a agudizar el ingenio para buscar orientaciones en la inclemencia de los tiempos, y porque este es un barco que hay que poder controlar y reorientar desde dentro de la trayectoria que lo compromete. No es cuestión ahora de especulaciones sólo académicas: se trata de un campo de experimentación, de acción y de promoción de cambios acuciantes y, por ende, necesarios.

Es de esperar que las ideas desarrolladas en este libro puedan ayudar, tanto a líderes sociales como a gerentes que tienen la responsabilidad de conducir y gobernar sistemas de diversos tamaños y complejidades, a hacerlo en los contextos crisógenos que habitamos, poblados de cambios abruptos, indiscriminados, tan característicos de nuestros días.

Kurt Lewin, en un trabajo del año 1939 –"Time perspective and moral"[2]–, observa el efecto deletéreo y desestructurante de una crisis económica signada por el desempleo, que afectó el estado de ánimo de la población, determinó restricciones en el planeamiento y en la perspectiva del tiempo, y retracciones de la acción, y que marcó los prolegómenos del conflicto mayor que representó la Segunda Guerra Mundial.

Allí se muestra que el desempleo afecta el clima global y estimula el proceso desestructurante que es la crisis. Cuando cunde la desesperanza y el estado de ánimo negativo en la población, va profundizándose un deterioro aún más grave en la economía y en el sistema social. La incertidumbre y la desesperanza acortan la planificación, la gente trabaja dentro de límites de tiempo más breves, que restringen la visión del futuro, todo ello afectado por la subjetividad. Si esta conclusión fuese suficientemente reconocida por quienes tienen responsabilidades de conducción y de gobierno, se reflejaría en los planes y políticas, que debieran partir de la definición y promoción prioritaria de las condiciones mínimas de estabilidad necesarias para un desarrollo sustentable a escala humana. Las organizaciones, aun en circunstancias adversas, requieren un plan para llegar a la meta. La suspensión del planeamiento y la ausencia de estrategias de mediano y largo plazo, aunque formularlas parezca una utopía, constituyen unas de las falencias más significativas padecidas en el intento por remontar las

---

2. Lewin, Kurt, *Resolving social conflicts*, New York: Harper and Row, 1947-1984.

crisis. De manera que no cabe contentarse con una aceptación resignada de la incertidumbre: se impone la necesidad –y encarar el intento– de dominar las circunstancias que en el momento que ocurren parecen irresolubles y terminales.

Respecto de la tendencia recurrente a las crisis, Norman Cohn –que trabajó en el Instituto de Psicopatología Colectiva de Inglaterra– analiza diversos movimientos revolucionarios redentores de los humildes surgidos al finalizar el primer milenio, y señala algunas circunstancias que se repiten. Se trata de movimientos de desposeídos, de pobres marginados de la sociedad, que favorecen la emergencia de líderes carismáticos y revolucionarios. Tales movimientos reivindican valores en crisis vinculados con una profunda decadencia ética y moral, y con la necesidad de justicia. Ligados, en general, por un progresivo distanciamiento entre clases o grupos sociales, los desposeídos marginados del sistema (los que hoy en día se llaman excluidos) ejercen una acción a favor de la reivindicación de derechos cuya esencia y significado es menester dilucidar. Los crecientes índices de pobreza, las diferencias progresivas entre sectores privilegiados y relegados de la sociedad, acentúan la percepción de las injusticias y, con ello, la profundización de crisis que pueden derivar en catástrofes.[3] Por ello la problemática vinculada con la distribución equitativa de recursos, aun formando parte de una "agenda oculta" de la situación de crisis, pugna por imponerse como tema de fondo para poder "agarrar el toro por las astas". Esta aseveración tan general es particularmente válida para las organizaciones concretas. En ellas la problemática de la distribución equitativa de salarios u otro tipo de compensaciones constituye una temática fundamental que hace a un equilibrio sostenible directamente vinculado con la motivación de la

---

3. Cohn, Norman, *En pos del milenio*, Madrid: Alianza, 1983.

gente que trabaja. El problema del "trato equitativo" y la instauración de una auténtica "meritocracia" hacen a la satisfacción de la gente que conforma un sistema social determinado. Cuando se traspasan ciertos límites de inequidad se incurre en el riesgo de las explosiones violentas que amenazan la continuidad del sistema. En el caso de las organizaciones empresarias, cuando los empleados, en una economía de cierta abundancia, se sienten retribuidos por debajo de lo que sienten que significaría un pago justo por la tarea que realizan, pugnan por buscar otros destinos, en especial en aquellas posiciones que se consideran más críticas por situaciones de mercado.

En la Argentina, con antecedentes a mediados de la década de los setenta, comienza ya a insinuarse una profunda crisis de valores morales, que se manifiesta en los muy elevados índices de corrupción. Este problema muestra la fuerte traza de una ausencia: la de un liderazgo ético, centrado en el talento, situación que afecta a las figuras de conducción y de gobierno. Este vacío –espacio que busca llenarse en la transición que representa una crisis– incrementa la tendencia desestructurante de los sistemas humanos. En cambio, la confianza y la esperanza que surgen de la valoración de las figuras de autoridad –valores fundantes– vinculan a los individuos entre sí y con las figuras de conducción, y ejercen un papel de contención constructivo básico en el derrotero de una crisis como la que se describe.

Los diarios hablan con frecuencia de la falta de confianza de la población y de la necesidad de instaurar este valor y sentimiento colectivo como condición para el desarrollo económico. El tema continúa siendo crucial.

Cabe, por lo tanto, insistir en que hay dos componentes faltantes que estimulan la confianza y la esperanza necesarias para remontar la crisis, y que están directamente referidos a las figuras de autoridad. Son los componentes esenciales que un liderazgo asertivo puede aportar: la ética y el talento. La ética está vinculada con la necesidad de poner límites a la inequidad, a la arbitrariedad en el manejo de los asuntos humanos. El talento se vincula con la posibilidad que tienen los visionarios de anticipar creativamente la solución de los problemas que los acosan. Es tan importante el valor agregado que la ética y el talento pueden brindar para resolver la complejidad de los problemas que se plantean en un sistema social humano en crisis, que merece que este tema se exponga y que se intente explicitar una metodología apta para contribuir a resolver los acuciantes problemas de nuestros sistemas sociales.

El papel de la confianza en las figuras de liderazgo es un tema que ha adquirido relevancia internacional; tanto, que el eje central del Foro Económico Mundial de Davos de 2003 giró en torno a la crisis de confianza que aqueja a los ciudadanos de la mayoría de los países del mundo, y a la forma de restaurar esa confianza. Para discutir las ideas fundamentales sobre estos temas, se convocó a un grupo de 2.150 personalidades políticas, académicas y sociales, provenientes de noventa y nueve países. Prominentes líderes políticos, empresarios, premios Nobel, famosos economistas y financistas de nota, preocupados por el inmenso descrédito originado en los mega-escándalos financieros que culminaron con el colapso de empresas líderes de nivel mundial, así como de consultoras de primerísima línea afectadas por problemas de naturaleza ética, se reunieron para discutir este tema.

Tal como se verifica, el deterioro de la imagen pública de los ejecutivos principales compromete el desarrollo de la economía mundial y afecta la credibilidad misma del sistema capitalista. El descontrol administrativo y el desgobierno de las instituciones públicas nacionales e internacionales se ponen en evidencia y determinan el retiro de las inversiones. Esto quiere decir que la credibilidad y la confianza no configuran un mero dato ornamental vinculado con la elegancia o "los buenos modales", sino que constituye una condición dura, determinante del desarrollo. El plano de las intenciones una vez más ejerce un efecto decisivo en el acontecer y la efectividad a futuro de los sistemas humanos.

Se sostiene que el ejecutivo principal de una gran empresa debe ser una persona confiable y creíble, tanto para la audiencia interna como para la externa. Este tema es reconocido en los últimos tiempos como una cuestión estratégica fundamental, que determina su efectividad y liderazgo. En un artículo de *The Economist* citado por el diario *La Nación,* se alude a "los ejecutivos con pies de barro", que han caído de su pedestal por haber dejado las finanzas de sus compañías en condiciones caóticas luego de haberse enriquecido mediante un uso arbitrario, no ético, de los balances en aras de la obtención de recompensas por incentivos.[4]

Los sistemas de compensaciones en boga –entre ellos el sistema de *bonus* y las *stock options* que se impusieron en el management contemporáneo– se integran con premios que a veces van a contrapelo de los criterios de equidad, e inducen a la suspicacia y a la desconfianza. No resultan suficientemente previsibles y en esa medida pueden no ser motivantes. Los sistemas salariales y de recursos humanos deben coincidir con las expectativas de estabilidad y con la necesidad de los integrantes de recibir una retribución equitativa en relación con el esfuerzo aportado. Cuando esto ocurre –es decir, cuando la cultura organizacional está comprometida con una verdadera "meritocracia"–, la gente se siente más predispuesta a confiar en un futuro y en la capacidad de los líderes, que más que carismáticos deben ser sensatos, capaces y creíbles. Si esto es así, todo el esfuerzo debe

---

4. "Ejecutivos con pies de barro", *La Nación,* 10/07/02.

estar orientado a la promoción de un conjunto de valores, sistemas organizativos y recursos humanos básicos que garanticen una orientación saludable y un acontecer seguro para los individuos involucrados.

Es así como el tema de la ética en los negocios se ha convertido en una cuestión crucial. La credibilidad representa hoy más que nunca un bien intangible muy preciado para los ejecutivos gerentes en su carrera, y para cada empresa en general en tanto figura pública. La totalidad del sentido del ahorro, que respalda la institución del accionariado y constituye el cimiento del sistema capitalista, está en cuestión y es parte de la crisis. El sonado caso Enron, tristemente célebre, constituye una muestra del efecto deletéreo y desestructurante de las conductas gerenciales que se apartan de la ética. Las transgresiones del sistema gerencial afectan la confianza del accionariado, en el que, en última instancia, descansa la estabilidad de la empresa. Si los accionistas no tienen confianza en las inversiones realizadas, se repliegan y buscan un destino mejor para sus ahorros. La falta de confianza en el sistema gerencial es el determinante de grandes corridas bancarias que amenazan con desestabilizar un sistema económico determinado.

Casos como el mencionado anteriormente no revelan una arbitrariedad singular de un CEO particular mal encaminado, sino que están demostrando la irracionalidad del sistema de las retribuciones que, por estar orientado en función de principios que no son los correctos, terminan favoreciendo ciertas prácticas arbitrarias.

El espíritu del ahorro es, para Max Weber, una parte substancial de la ética protestante en la que se basa el sistema capitalista.[5] Si aspectos fundamentales ligados con la ética fallan, tambalea el sistema. Por ello, medidas tan arbitrarias

---

5. Weber, Max, *La ética protestante y el espíritu del capitalismo*, Barcelona: Península, 1969.

como la del "corralito", debilitan la confianza de la gente, valor agregado capaz de regular el precio de las acciones en la bolsa.[6] El descrédito que genera la pérdida de la confianza socava la naturaleza colaborativa de los vínculos sociales y estimula la criminalidad, la marginalidad y el desapego social generalizados.

En relación con la tendencia desestructurante de la crisis, Héctor Palomino y Jorge Schvarzer aluden al efecto profundamente regresivo que tuvo la "disparada" de los índices de desocupación y subocupación en la Argentina, ocurrida desde 1998.[7] Tales índices, característicos de la época, tienen un impacto equivalente a una catástrofe virtual, dada la significación que adquieren para la subjetividad colectiva. En la publicación que citamos a pie de página, distintos autores señalan un cambio drástico en el contexto sociopolítico de un ideal que se había impuesto después de la Segunda Guerra Mundial: la sociedad de pleno empleo. El cambio profundo afecta el sentido y la naturaleza del trabajo y de las concepciones éticas con él vinculadas, y determina modificaciones cualitativas igualmente capitales en las conductas generalizadas de la población, de naturaleza regresiva y desestructurante.

En un artículo publicado en el diario *Clarín*,[8] se habla del problema mundial del desempleo. El artículo alude a mil millones de desempleados y de empleados precarizados que había en el mundo, la mayoría, jóvenes. Asia y América Latina son las áreas más afectadas, se dice. La Argentina lidera el ranking de la región. Este fenómeno crece con la globalización.

---

6. "Ejecutivos con pies de barro", *La Nación*, 10/07/02.
7. Palomino, Héctor, y Schvarzer, Jorge, "Del pleno empleo al colapso". En "Trabajo: el dolor de no tener", *Encrucijadas UBA*, revista de la Universidad de Buenos Aires, Año 1, N° 2, dic. 2000.
8. Luzzoni, T., "La crisis mundial del empleo. Noticias sobre la sociedad ausente", *Clarín*, Suplem. "Zona", 20/10/02.

Hasta fines del siglo XX, la idea de progreso se asociaba directamente con las posibilidades que ofrecen la educación y el trabajo. Pero luego de los alarmantes índices de desempleo que se han observado, las convicciones cambiaron. Y esto trae aparejadas modificaciones profundas en las conductas de la población, dentro de la cual cunde la desesperanza y la sensación de que nada puede hacerse desde la iniciativa individual. Tal precariedad del sistema de empleo, y el impacto desestructurante en el estado de ánimo y en la moral de la población, se reconocieron muy tardíamente en la crisis de la Argentina, en la que puede establecerse una correlación directa entre índices de desempleo y desestabilización, o entre desempleo-subempleo y los notables incrementos de la criminalidad y la violencia. Si esto se verifica, inferimos que la consecución de políticas de pleno empleo tiene un impacto mucho más importante que el incremento de las penas o la inversión en fuerzas de seguridad para combatir la incrementada delincuencia. El empleo dignifica y es un factor que favorece una integración social proactiva; es parte de un proyecto de futuro, que todo individuo necesita para encontrar su rol en la sociedad.

El ser humano tiene límites para tolerar lo nuevo, en especial si es adverso a las necesidades de una personalidad normal. El cambio, cuando es abrupto e impredecible, se convierte en caos, y favorece los procesos regresivos de la conducta individual y social. Las situaciones de inequidad progresiva acentúan la irracionalidad y la violencia. Los esquemas internalizados tardan en modificarse y entran en colisión con los cambios del contexto. La resistencia al cambio necesita ser metabolizada a través de un proceso que contemple la individualidad y la subjetividad involucradas. Los índices alarmantes de desocupación tienen un impacto subjetivo en la población pero, además, son antiéticos: van a contrapelo de una sociedad organizada.

En un artículo publicado en diciembre de 2005,[9] Alicia Dujovne Ortiz analiza un fenómeno de crisis contemporánea: las revueltas en los suburbios de las ciudades francesas protagonizadas por jóvenes que expresaban el descontento proveniente de situaciones de marginación social que afectan a poblaciones enteras de inmigrantes. Una serie de intelectuales franceses analiza el fenómeno directamente asociado con situaciones de desocupación y con condiciones que denotan la falta de equidad en las oportunidades de acceso a posiciones de empleo valoradas como oportunidades para salir de la marginación y la pobreza. Las limitaciones para una inserción social plena, determinadas por el desempleo y el subempleo, introducen una cuña y una fractura en el sistema familiar y de pertenencia a una sociedad madura. Los expertos citados por la mencionada fuente expresan que el vandalismo se origina no sólo en la desocupación sino también en la existencia de "falta de oportunidades" para progresar, que determinan "un vacío, una dificultad para proyectarse hacia el futuro". Las organizaciones empleadoras son un agente de significación social para los individuos. Los acuciantes y progresivos niveles de marginación que padecen los sectores menos favorecidos de la sociedad desmienten los ideales de igualdad de oportunidades y de fraternidad impuestos por la Revolución Francesa, y su incumplimiento revierte como motivación negativa que explota –como una bomba impulsora– la violencia. Estos jóvenes revoltosos expresan con su conducta un mensaje, emergente de una situación social regresiva que al transponer un punto de tensión y de marginación desestabiliza el sistema total.

En gran parte de las sociedades desarrolladas –afirma el artículo– se asiste a un aumento vertiginoso de las desigualdades. Las revueltas son la expresión misma de la desespe-

---

9. Alicia Dujovne Ortiz, *La Nación*, 17/12/05.

ranza que alienta a la mayoría de las situaciones de crisis. Los jóvenes hijos de inmigrantes toman la palabra y expresan un descontento. Es muy significativo el hecho de que las reacciones no provienen de los inmigrantes, sino de sus hijos, que son franceses por derecho propio, igual que los jóvenes ingleses que protagonizaron los atentados terroristas de 2005 en los subterráneos de Londres. Ellos no eran pakistaníes sino *british citizens*, egresados del sistema educativo del Reino Unido.

En una organización de empleo, sea esta empresaria, parte de la administración pública o una ONG, la distribución equitativa se legitima en la escala salarial vigente. Ella constituye un elemento fundamental de motivación de la gente que trabaja, y la equidad interna se transforma en un recurso fundamental de fidelización de los empleados a la empresa que afianza el sentido de pertenencia. En situaciones en las que predominan altos índices de desocupación en la población global, la sola posibilidad de pertenecer y de conservar el empleo se convierte en un factor de retención fundamental, pero el equilibrio entre lo que se aporta y lo que se recibe es un dato de evaluación intuitiva permanente que rige lo que en algunas oportunidades se ha dado en llamar "condiciones de equilibrio psico-económico". En una de sus obras más trascendentes, denominada *Equitable Payment*,[10] Elliott Jaques analiza esta condición y señala que en forma constante e intuitiva la gente hace comparaciones evaluativos entre su salario y el de los demás. La condición de satisfacción no es arbitraria ni depende de un valor absoluto: la idea de equidad se establece en función de comparaciones que se hacen con los demás y que involucran: a) la apreciación de la capacidad individual, b) el aporte laboral y esfuerzo que se realiza, y c) la retribución que se recibe. Las com-

---

10. Jaques, Elliott, *Equitable Payment*, London: Heinemann Educational Books Ltd., 1961.

paraciones no son sólo entre pares sino colaterales, hacia arriba y hacia abajo, y estas comparaciones son las que permiten internalizar las ideas de trato equitativo y justo.

Las revueltas de los jóvenes hijos de inmigrantes en Francia expresan que así como la gente se siente tratada por las organizaciones, del mismo modo se siente tratada por la sociedad, y que una condición de equidad se expresa por el empleo abundante y por una escala salarial equitativa que premie los "diferenciales justos". No se habla de igualdad: se habla de una distribución equitativa, que debe ser coherente con las posiciones diferentes, las responsabilidades más o menos complejas involucradas en un desempeño individual y con los diferenciales de retribución adjudicados a ellas. Por supuesto que todo esto debe darse dentro de una política que asegure el libre acceso a dichas posiciones en función de los méritos personales. Conocidas estas necesidades y motivaciones vinculadas con la equidad, no es difícil llegar a formular una escala salarial equitativa mediante unas cuantas herramientas metodológicas y analíticas que permitan clasificar los roles diversos de acuerdo con un número cierto de posiciones de complejidad, para luego adjudicarles valor económico en función de un "pago sentido como justo".

La caída de las Torres Gemelas, el 11 de septiembre de 2001, o el atentado en Madrid en marzo de 2004, tienen que ver con la agudización de una lucha fanática de orden mundial, caracterizada por la emergencia del terrorismo. Estas nuevas formas de expresión de los conflictos destacan la globalización de la crisis y la relación entre diversos contextos, nacionales y mundiales. Cuesta interpretar el sentido del conflicto porque este se ha globalizado también. Cuesta encontrar el sentido de conductas destructivas que parecen orientadas a imponer un extremo estado de violencia. El terrorismo irrumpe en el mundo, cambiando profundamente los métodos y las estrategias de las guerras convencionales hasta ahora conocidas. Se basa en la fuerza —demoledora por lo inquietante– de un enemigo no visible ni localizable como lo sería un ejército convencional. Utiliza el arma mortal del daño psicológico creado por la ansiedad indiscriminada, la inseguridad, la incertidumbre, generadas por la desconfianza. Rompe paradigmas de estabilidad e invulnerabilidad. Más allá de los fanatismos que representa, para entender y poder combatir el fenómeno es menester advertir que se sustenta en condiciones estructurales de la sociedad. Una de estas condiciones es la ligada a la mortalidad y la explotación infantiles. Desde lo profundo, el aparato psíquico no resiste la regresiva inequidad en la distribución de la riqueza. La pobreza es un problema de la humanidad y no sólo de los países subsumidos en la miseria. Existen premisas valorativas de carácter ético, normas de equidad y de justicia que forman parte, según Jaques, de la estructuración temprana del psiquismo.[11] Dichas normas éticas, arraigadas en lo más hondo de la personalidad, son parte de la identidad personal y acompañan al ser humano normal, que pondera y evalúa el acontecer externo durante toda la vida. Dado que la ética y la equidad poseen raíces profundas, la cuestión de los valores que sustentan las políticas públicas constituye uno de los núcleos centrales que deben ser encarados. Los sistemas gerenciales y los sistemas distributivos en general, cuando contemplan las necesidades profundas vinculadas con la ética favorecen los lazos de confianza recíproca, que son la base de la colaboración y el respeto muto. No se trata de una confianza vaga y difusa, sino de la confianza garantizada por una política centrada en la justicia, que se sustenta en que ningún colega o instancia individual o grupo social ajeno al propio podrá actuar en forma arbitraria y orientada a satisfacer su propio interés sin atender a los intereses y necesidades de otros grupos o personas

---

11. Conceptos de organización requerida y anti-requerida, usados por Elliott Jaques (del autor, ver *La organización requerida*, Buenos Aires: Granica, 2001, y *A General Theory of Bureaucracy*, London: Heinemann, 1976).

y sin importarles causarles daños, aun cuando constituyan minorías.

La desestabilización generalizada que produjo el ataque a las Torres Gemelas señala hasta qué punto necesitamos confiar en los demás para poder prever y planificar un devenir seguro. Sin garantías que abonen la confianza recíproca se hace difícil convivir en un mundo globalizado. Estas realidades permiten sostener que la argamasa social básica que mantiene unidos a los distintos grupos sociales, a pesar de su diversidad de orientaciones y creencias, es la confianza recíproca, entendida como la que asegura que nadie causará daños arbitrarios a los otros. Esto es lo que el terrorismo pone en juego o intenta poner en duda, y en ello radica su poder destructivo, que opera a través de la inmovilización paralizante de la acción constructiva. La decisión de romper el lazo de unión y de confianza es desalentadora e impide la posibilidad de prever y planificar el futuro: se alimenta de un sentimiento generalizado de falta de garantías, de integración y de respeto. Cualquier grupo de poder –aunque constituya una minoría–, es lo que se evidencia con el terrorismo, tiene la posibilidad potencial de romper una alianza de convivencia y de alentar la desconfianza recíproca, masiva e indiscriminada. Cuando esto escapa a toda regulación cunde la incertidumbre y la amenaza retroalimenta la crisis.[12]

Lo mismo que ocurre en la sociedad global pasa en las organizaciones. Por ejemplo, puede advertirse que en una empresa familiar, una pequeña minoría que no se siente incluida tiene, a pesar de esta condición minoritaria, la capacidad de paralizar el proceso global desplegando una acción de obstaculización y quite de colaboración. Sin embargo, hay prácticas gerenciales y sistemas de reconocimiento de las minorí-

---

12. Esta hipótesis acerca del terrorismo es desarrollada por Elliott Jaques en "On Trust, Good and Evil", en *International Journal of Applied Psychoanalytic Studies*. 2005, Vol. 2 N° 4, ISSN 1742-3341.

as que logran colmar las necesidades básicas vinculadas con el sentido de justicia: son las que aportan seguridad, pertenencia y previsibilidad, y permiten un desarrollo constructivo de los sistemas sociales. Las inequidades groseras y la falta de una distribución equitativa de los recursos y de las compensaciones alimentan dichos sentimientos de injusticia, presentes en situaciones críticas.

Es muy común oír hablar de la crisis: los políticos, los economistas, los intelectuales lo hacen a diario. La palabra es –lo dijimos– de uso cotidiano en todos los medios y aparece en las primeras páginas de la prensa, y se vincula con los índices alarmantes de marginalidad y criminalidad.

Los prolegómenos de la última gran crisis de la Argentina comienzan en la década de los '70 y se incrementan desde los inicios de la década de los '80 con la aparición del fenómeno de la hiperinflación. Estas situaciones –que son verdaderamente traumáticas para los individuos que viven en la sociedad afectada– dejan huellas, alentando desde lo más profundo de las motivaciones humanas el supuesto de que "el desencadenante traumático puede volver a ocurrir". El fantasma de la inflación, por ejemplo, continúa vivo y alimenta expectativas de desestabilización, aun en momentos de creciente prosperidad y de salida de la crisis. Los agoreros de la desestabilización se basan en estos bolsones de inseguridad que subsisten, evocando viejos fantasmas que nos retrotraen al pasado. Luis Alberto Romero describe nítidamente el "cataclismo", cuyo pico detonante fue la caída del gobierno constitucional que presidía Fernando de la Rúa: "(...) como consecuencia de una fenomenal corrida bancaria, secuela de la retirada presurosa de las inversiones financieras, que llevó a una congelación de todos los depósitos –el corralito– y, consecuentemente, a una crisis económica vertiginosa, acentuada más tarde por la devaluación asimétrica y que dejó un problema entre deudores y acreedores, insoluble en términos lógicos. Paralelamente las protestas sociales –algunas espontáneas, otras movidas por los aparatos partidarios peronistas– y finalmente la crisis política desencadenada por los gobernadores peronistas, provocaron la renuncia del presidente, institucionalmente agravada por la renuncia, un año antes, del vicepresidente".[13]

Expresión de los desaciertos de las políticas oficiales y de las decisiones simplificadoras de los economistas, basadas en las teorías del *homo economicus* –que poco tienen que ver con la verdadera naturaleza humana–, el famoso "corralito" quedará inscripto en la historia argentina y en la historia económica mundial como ejemplo de la forma en que una crisis puede ser, si no fabricada, al menos muy estimulada. A través de este mecanismo, la confianza queda profundamente afectada y, con ella, socavados los pilares básicos de la estabilidad de un país, así como de su sistema económico, dentro del cual el sistema bancario es fundamental, tradicionalmente asociado con premisas de seguridad y estabilidad. ¿Cuánto cuesta y cuánto se tarda en recuperar la confianza, argamasa fundamental de cualquier sistema social? Es un cálculo difícil.

Esta crisis argentina, que se identifica con la recesión de 1998, estuvo demasiados años en su faz aguda. Es hoy considerada la más importante y costosa de la historia del país.

Aparecen nuevas formas de expresar la profunda frustración que embarga a la población. Las manifestaciones populares –como los cacerolazos–, con la conocida consigna de "que se vayan todos", dirigida a las figuras representativas de autoridad, rubrican la crisis de liderazgo y de credibilidad antes aludida. Estas nuevas formas expresivas que no dejan de ser pacíficas, utilizan como armas el clamor popular y la búsqueda de consenso. Son lenguajes que no contienen

---

13. Romero, Luis A., *La crisis de la Argentina*, Buenos Aires: Siglo XXI, 2003, p. 109.

aún un proyecto claro, pero que ponen de manifiesto un faltante, un nicho que tiene que ser ocupado por figuras de liderazgo que sepan interpretar las nuevas demandas que se establecen en torno de los temas señalados. En última instancia, el problema de la crisis en la Argentina –y en el mundo– está muy vinculado con un problema de liderazgo equitativo y talentoso, que opera como un valor faltante y como un espacio vacío.

La importancia de las expectativas y de las motivaciones humanas en la determinación de la conducta, y su influencia en el derrotero de un proceso de naturaleza económica, han merecido el reconocimiento de la comunidad científica mundial, que otorgó el Premio Nobel de Economía del año 2002 a Daniel Kahneman y Vernon Smith por sus aportes vinculados con la aplicación de los métodos de la psicología y del análisis de laboratorio a las investigaciones económicas. Los autores se apartaron de las líneas de análisis tradicionales que destacan los aspectos meramente racionales de la conducta del *homo economicus*, pues estudiaron los procesos de adopción de decisiones en situaciones de inseguridad e incertidumbre, dejando establecido que en tales casos los individuos pueden tomar atajos eurísticos que privilegian el no perder frente al arriesgarse a ganar, lo que hace que los individuos asuman conductas conservadoras, no racionales y regresivas.

Lo que demuestra la experiencia del siniestro laboratorio social que representó el corralito en la Argentina es que la conducta irracional que cunde en la población se produce cuando la confianza se ve socavada.

Las numerosas corridas bancarias, típicas de la crisis del año 2001, son un ejemplo de las profecías autocumplidas, abundantes en épocas críticas. Las conductas de pánico que en estos momentos se generan, encierran supuestos acerca del futuro, que luego se concretan, y vienen a confirmar el poder de las expectativas y la fuerza de las conductas irracionales en la toma de decisiones.

En la literatura psicosociológica, el tema de las profecías viene, desde hace muchos años, ejemplificándose con casos vinculados a las corridas bancarias.[14] Paul Watzlawick se refiere a un cambio fundamental que, desde el punto de vista epistemológico, supera al pensamiento causal tradicional por el cual el suceso B se considera en general como un efecto de un suceso anterior, la causa A, que naturalmente tenía a su vez sus propias causas anteriores en otro suceso. Esta simplificación de la causalidad lineal que encierra la interpretación de un suceso, elude considerar la fuerza de las construcciones mentales que se anteponen a los hechos, pronosticándolos y, de esta forma, construyéndolos o provocándolos.

"Nuestras expectativas, prejuicios, supersticiones y deseos –es decir, construcciones puramente mentales, a menudo desprovistas de todo destello de efectividad– (....)" pueden tener efectos determinantes "(...) no sólo positivos sino también negativos. Somos responsables no sólo de nuestros sueños, sino también responsables de la realidad que engendran nuestros pensamientos y esperanzas."[15]

Esto puede advertirse en el efecto encadenado que se suscita en una crisis y que involucra una problemática social amplia, con consecuencias serias para los sistemas comprometidos. Decisiones tomadas a partir de presupuestos y prejuicios acerca de la emergencia probable de conductas adversas, en realidad las potencian en un grado superior al previsto. Tenemos, así, en las corridas bancarias por ejemplo, el desarrollo progresivo de una espiral regresiva: los depositantes furiosos se movilizan atacando las entidades financieras. Estas se ven en la necesidad de montar verdaderas fortalezas metálicas para

---

14. Según Paul Watzlawick, una "profecía que se autocumple es una imposición o predicción que, por la sola razón de haberse hecho, convierte en realidad el suceso supuesto, esperado, profetizado y, de esta manera, confirma su propia exactitud" (Watzlawick, Paul y otros: *Profecías que se autocumplen*, Buenos Aires: Gedisa, 1988, p. 82).
15. Watzlawick, Paul, *op. cit.*, p. 87.

proteger los que demuestran ser, desde entonces, frágiles e inseguros frentes de vidrio. Los empleados que atienden al público se hallan inermes desde un punto de vista psicológico, ya que no están preparados para resistir la agresión desencadenada y se ven expuestos al desgaste por el contacto estrecho con el público furioso, que frecuentemente les provoca escándalos, erigiéndolos en responsables visibles de situaciones que no pueden resolver. Diversas manifestaciones de estrés y agudos síntomas de ansiedad y de morbilidad precipitan la emergencia de enfermedades y el consumo de ansiolíticos. Todos aquellos que tienen contacto con clientes padecen en estas épocas sufrimientos similares. Las secuencias mencionadas crean un clima social adverso.

Aparecen nuevas enfermedades vinculadas con el estrés y la ansiedad –ataques de pánico, *burnout* (quemados)–, sufridas por una variedad amplia de profesiones y ocupaciones destinadas a dar servicios. Todos los que atienden clientes, pacientes o público en general constituyen una población en riesgo: maestros, personal directivo en escuelas públicas y privadas, profesionales médicos, psicólogos, psicopedagogos, trabajadores sociales en instituciones asistenciales, etcétera.[16]

---

16. Definición de "*burnout*": "(...) es un estado de agotamiento mental y/o psíquico causado por un stress excesivo y prolongado" (Giordino, D.A.; Everly, G.S., y Dusek, D.E., *Controlling Stress and Tension*, Needham Heigths, MA: Allyn & Bacon, 1966).
Según Agustín Tirado, el "síndrome de *burnout*" o "síndrome del profesional quemado" afecta en la actualidad a ciertas actividades; por ejemplo, las profesiones de la sanidad, enseñanza y servicios sociales, serían aquellas que exigen un alto grado de entrega e implicación con las personas. Sin embargo, otras profesiones están expuestas al riesgo de padecerlo. Por ejemplo empresarios, directivos, artistas, investigadores, profesores, funcionarios comerciales que tienen a su cargo la atención al público, periodistas, fuerzas del orden, etcétera. Quienes ejercen estas profesiones sufren un alto nivel de insatisfacción que no está directamente relacionado con causas vinculadas con el reconocimiento de sus superiores, el

En los últimos años se incrementaron las demandas vinculadas con la crisis por parte de entidades financieras, hospitalarias, empresarias, escuelas; preocupadas por buscar recursos profesionales orientados a ayudar a sus empleados, personal docente y funcionarios en general, a recuperarse del desgaste a los que se ven diariamente expuestos por estar en contacto con el público. La paranoia colectiva desatada, propia de la desesperación y la frustración que no encuentra responsables identificables dispuestos a rendir cuentas, busca figuras de autoridad alternativas para volcar masivamente la expresión de los impulsos destructivos recreados por la crisis.[17]

Un estudio de la Fundación Favaloro, publicado por el diario *La Nación,* señala que la crisis económica en la Argentina provocó 20.000 muertes cardíacas motivadas, entre otras causas, por el estrés, pero también por el deterioro hospitalario. Otros 10.000 infartos no fatales fueron ocasionados también, según la fuente, por el estrés y la depresión que surgen de la falta de contención social. Esta investigación constituye el primer estudio epidemiológico oficial a nivel mundial que muestra los efectos de una crisis social y económica y su incidencia en la mortalidad por infarto. Las conclusiones fueron ratificadas por el XXXII Congreso

---

sueldo. Sus capacidades continúan siendo las mismas, pero las víctimas se sienten incapaces de enfrentar las tareas: la motivación parece haberse perdido definitivamente. El daño no es sólo emocional o psicológico dado que la capacidad física se ve también afectada. (Conceptos extraídos de: Agustín Tirado, "Especial Salud Laboral: estar 'quemado' en el trabajo", Infojobs.net.)

17. El "síndrome de *burnout*" mencionado, originariamente descrito por Herbert Frudenberger como un trastorno de desgaste profesional, fue recientemente utilizado por J.C. Mingote Adán y otros autores en relación con un "problema social y de salud pública que da cuenta de un trastorno adaptativo crónico asociado al inadecuado afrontamiento de las demandas psicológicas del trabajo, que daña la calidad de vida de la persona que lo padece y disminuye la calidad asistencial" (Mingote Adán, J.C.; Pérez Corral, F., *El estrés del médico. Manual de autoayuda*, Madrid: Díaz de Santos, 1999).

Argentino de Cardiología. La investigación señala que durante la crisis, los médicos debieron limitar el tiempo dedicado a los pacientes, restringir las técnicas de última generación disponibles, la prescripción de drogas, ciertos estudios considerados costosos, las intervenciones, ecografías, estudios complementarios. El panorama llega a constituir una suerte de genocidio.

La crisis hace impacto también en la educación y en las instituciones escolares. Así, los directores y líderes de un proyecto pedagógico tratan de entender los nuevos signos que muestra la realidad y los cambios que estos expresan en cuanto a la demanda de los padres (que coinciden, en buena parte, con los damnificados por el corralito). La organización educativa y el proyecto entran, a su vez, en crisis, y el nivel de estrés que sufren los docentes se hace muchas veces intolerable, aun para los que logran sobreponerse a las dificultades gracias a una readaptación creativa de sus esquemas cognitivos, para entender las nuevas realidades que se ofrecen a su vista.

La desesperanza que cundió al tener que enfrentar estas realidades llevó –alrededor del año 2001– a sectores muy importantes de las clases medias argentinas a realizar largas colas ante embajadas extranjeras buscando salidas que los salvaran del profetizado, inminente e inevitable naufragio del país, sin que pudiera precisarse cabalmente lo que significaba que un país cayera al abismo y saliera del mundo. La gente llegó al límite de ser capaz de soportar la pérdida de sus derechos ciudadanos elementales al vivir en otro país que no se los reconocía, tal vez pensando en un cambio que le evitase los sufrimientos que la crisis trae aparejados; hasta tal punto se manifiesta no sólo la desesperación, sino también la exclusión que la crisis determina.

Como hecho paradójico, y por lo mismo muy significativo, y a pesar del escenario desesperante de la Argentina de fines de 2001, el año 2002 constituyó un período rico en desarrollos culturales y creatividad. No sólo por la variedad y la calidad de los emprendimientos que se produjeron en el área cultural, sino también por el notable incremento de la adhesión del público a las propuestas presentadas. La tendencia continuó verificándose en 2003.

Durante 2002, el Centro Cultural Recoleta de la Ciudad de Buenos Aires, por ejemplo, aumentó la cantidad de su público en un 30% respecto de años anteriores. En el mismo período se realizó en Buenos Aires el IV Festival Internacional de Cine Independiente, con un 20% de concurrencia adicional respecto del año anterior. Se abrieron numerosas salas teatrales nuevas. Los espectáculos vieron colmadas sus expectativas de concurrencia. Los artistas argentinos de éxito internacional volvieron a conectarse con el público local, demostrando no sólo su solidaridad con el padecimiento del pueblo, sino permitiendo también que se canalizara el espíritu creativo y las necesidades de innovación que se evidencian en propuestas culturales de notable nivel artístico.

La renovada afluencia a museos y los innumerables proyectos artísticos vinculados con el tema de la crisis mostraron un aspecto positivo y vital que permitió comenzar a remontar la depresión generalizada. El lema que acompañó la megamuestra ArteBA, a la que se allegaron más de cien mil personas, fue "Resistencia cultural para el orgullo nacional", frase que sintetizó una apreciación de los organizadores acerca del estado espiritual prevaleciente en una población agobiada por las circunstancias, y de una propuesta dirigida a desarrollar la satisfacción de motivaciones creativas. La referencia al orgullo que busca ser restaurado contribuye a resaltar la problemática de la autoestima, implícita en el estado de ánimo colectivo y que, a su vez, coadyuva para profundizar la crisis.

Otro signo de igual sentido es, por ejemplo, la puesta en marcha de nuevos emprendimientos culturales. El emblemático Teatro Colón y el Teatro Municipal General San Martín tuvieron, además, un mayor ingreso de público en los años de crisis. Como comentario de esta renovada respuesta del público, decía el director del Complejo Teatral de la ciudad de Buenos Aires: "Algo que ha movido a la sociedad argentina hacia el encuentro de expresiones culturales tiene que ver con la situación imperante y sus efectos en el alma de la gente. En el teatro, la gente viene a buscar respuestas a algunas de sus preguntas. Cuando todo se hace como arena entre las manos, ciertas instituciones tienen cierto valor simbólico de mucha pertenencia".[18]

Es de destacar, asimismo –como parte del fenómeno descrito y en vínculo con la eclosión de la creatividad en el período–, lo que dio en llamarse "el nuevo cine argentino". Un grupo de jóvenes artistas, muy significativo por su perfil generacional, da muestras de un poder de innovación y de una capacidad imaginativa que logra notables audacias tecnológicas, al crear un nuevo estilo cinematográfico que refleja en forma muy amplia el fenómeno que se vive. Los jóvenes cineastas producen, en efecto, obras con gran economía de recursos y presupuestos exiguos, que son muy bien recibidas por un público que colma las salas y que cosechan aplausos y galardones en festivales internacionales. La temática de la crisis y de los valores aparece en ellas con notable solidez, mostrando una visión distinta de la sociedad y de la cultura, aportada por las nuevas generaciones. La fuerza emprendedora de este movimiento creador consigue que un nuevo cine nacional sea capaz de representar nuestra cultura y de generar un movimiento de cambio. Por lo común, el público se identifica con los resultados y éxitos obtenidos por estas figu-

---

18. Revista *Viva* (diario *Clarín* dominical), enero de 2003. Reportaje a Kive Staiff.

ras que se convierten en los nuevos líderes de la realidad nacional: a través de ellos, el gran público siente que realiza sus propias necesidades creativas, y repara de esta forma su autoestima afectada.

Tal vez para entender este componente creativo que surge en etapas avanzadas del proceso de crisis, pueda ser útil citar la hipótesis de George Pollock acerca de una verdadera "regeneración psico-bio-social" que se produce en los últimos estadios de los procesos de duelo en el nivel comunitario, una vez elaborada una tragedia determinante de una pérdida masiva que ejerció un verdadero impacto emocional en la población.[19] El autor basa su hipótesis en diversos casos y, en particular, en el mencionado por Williams y Parkes (1975) sobre el significativo incremento de la tasa de natalidad que se produce en dos aldeas galesas durante los cinco años siguientes a un desastre ocurrido en 1966, donde ciento sesenta y seis niños y veintiocho adultos perdieron la vida como consecuencia de una avalancha que sepultó una escuela primaria y varias casas. El aumento de la tasa de natalidad se registró no sólo entre los padres que habían perdido a sus hijos, sino también en las otras parejas, que no habían sufrido tales pérdidas. Pollock explica lo sucedido como "las consecuencias de un proceso de regeneración biosocial", y sugiere que "las transiciones psicosociales de este tipo no tienen efectos totalmente destructivos cuando se las considera desde la perspectiva de la comunidad total en la que tienen lugar". A esta explicación, agrega Pollock que "un proceso de duelo individual y grupal puede tener una culminación eficaz con un resultado creativo o procreativo".[20]

---

19. Pollock, George: "El proceso de duelo y el cambio creativo en las organizaciones", conferencia pronunciada en la Asociación Psicoanalítica Argentina en octubre de 1976, publicada en un impreso interno de la Asociación).

20. *Ibidem.*

Una catástrofe colectiva que involucró no sólo a un conjunto amplio de damnificados, sino que tomó como audiencia comprometida a la totalidad de la comunidad, fue el trágico episodio identificado como "República Cromañón" (por el lugar donde ocurrieron los sucesos), donde perdieron la vida, como consecuencia de un incendio, casi doscientos jóvenes asistentes a un recital de rock. El proceso de crisis colectiva que desata un episodio de esta naturaleza involucra a muchos miles de miembros de la comunidad, comprometidos por pertenencia, vinculaciones o identificación. El nivel emocional y el lazo afectivo desencadenan asimismo, en este caso, muy penosas y complejas marcas de duelo que tienen vicisitudes y dejan daños psíquicos que se suman a las pérdidas materiales.

Volviendo a la crisis del país, puede decirse que a despecho de los presagios de medios y de líderes de opinión que aseveraban que la crisis iba a durar muchas décadas, se produce de pronto –a partir del año 2003– algo que se siente como una nueva etapa en el desarrollo de la crisis, y que refleja un clima social completamente distinto que alienta la reversión del previo proceso desestructurante.

Una encuesta mundial de Galup –publicada por *La Nación* en enero de 2003– señala cierto crecimiento del optimismo de los argentinos, basándose en el hecho de que el 49% de la muestra cree que el año será mejor que el anterior mientras que sólo el 17% piensa que será peor. La encuesta señala, además, que el grado de optimismo aumenta a medida que disminuye el nivel socioeconómico y educativo de los consultados. La perspectiva optimista se transforma en una fuente de expectativas positivas en torno al desarrollo de la economía, que tiende a manifestarse en una actitud más flexible y dispuesta al gasto, como reflejo de un estado de ánimo más positivo, en oposición a las modalidades de retracción previas. En un nivel mundial, los cuatro países que –según la encuesta– mostraron mayores índices de expectativas compartían un pasado de violencia, incertidumbre y estancamiento económico; al mismo tiempo, en todos ellos la esperanza del cambio estuvo impulsada por una renovación política (estos países son Turquía, Kenya, Nigeria y Kosovo). Aquí podemos destacar lo aseverado anteriormente, acerca de la importancia que tiene –para remontar el estado de ánimo colectivo asociado con la crisis– la restauración de la imagen de la autoridad democrática.

En otra nota de *La Nación*, que reproduce una entrevista al historiador Tulio Halperín Donghi, este observa que en octubre de 2003 el "clima ha cambiado por completo", desde el momento en que se manifiesta la intención de reconstruir un liderazgo político. Al señalar el vacío moral generado por décadas de fracasos y de degradación del sistema político, alude también a un nuevo momento o etapa, vinculado con la posibilidad de revertir la tendencia, sobre la base de un proyecto democrático.

Promoviendo la década de los años 2000 a 2010 una nueva crisis vinculada con el medio ambiente y la inevitable necesidad de su protección se instaura en el primer plano del debate a nivel mundial. Los problemas de contaminación de la atmósfera y de uso abusivo o indiscriminado de los recursos naturales constituyen una consecuencia colateral y no deseable del progreso, que da lugar a la emergencia abrupta de catástrofes climáticas determinantes de otras tantas crisis a nivel local continental regional y mundial. Las amenazas y las pérdidas reales deterioran el bienestar y con él el clima social dando lugar a diversas formas de conflictos y de violencia. Estos hechos señalan la necesidad de sanción de políticas globales para poner límites al mal uso de los recursos naturales, que son patrimonio d la humanidad. Aparece nuevamente en el primer plano de la consideración valores vinculados con la ética y con el interés común que merecen ser contemplados con urgencia.

Como síntesis, y a los fines de destacar algunos temas que este trabajo intenta profundizar, podemos puntualizar varios aspectos involucrados en las situaciones descritas, aspectos que por lo general se refieren al contexto y que constituyen el conjunto de hipótesis y premisas que han de desarrollarse aquí.

- Existe una muy amplia variedad de tipos de crisis, referidas siempre a un sistema social inserto en un sistema mayor que consideramos su contexto. Las crisis, en su diversidad, tienen aspectos comunes que hacen a su proceso dinámico y a algunos aspectos motivacionales principales que las caracterizan. Destacar estos aspectos comunes permite desarrollar una "crisiología", al decir de Edgard Morin, o sea una teoría y una metodología para lidiar con situaciones de crisis, tema sobre el que este trabajo ha de extenderse.
- El contexto turbulento, cuya textura emana del ritmo o velocidad de los cambios que se producen en el ambiente, constituye una dimensión privilegiada para comprender la crisis. El impacto externo altera los límites de contención del sistema menor, en riesgo de ser desbordado.
- Los cambios abruptos de los indicadores externos –desocupación, inflación, riesgo-país, devaluación, etc.– son agentes desestabilizadores de los sistemas menores. A su vez, la desestabilización de estos revierte en el sistema mayor y estimula el derrotero desestructurante de la crisis, que presenta el riesgo de transformarse en caos.
- Los cambios generan una textura de incertidumbre: se impone entonces la necesidad de mirar el sistema humano de que se trate, adoptando la perspectiva "desde el contexto". Ya no puede considerarse al sis-

tema cerrado y autocontenido, sino que hay que verlo en relación con otros sistemas que lo contienen y en relación con los demás sistemas. Como veremos más adelante el problema de la contención y de la ruptura de los límites que hacen a la contención del sistema es crucial en la experiencia y en el manejo de las situaciones de crisis.

- La crisis no constituye exclusivamente un hecho económico o político, sino que compromete un embrollo de problemas y fenómenos de muy diversa índole dentro de los cuales es fundamental –para su comprensión y manejo– destacar los aspectos psicosociales y sociodinámicos involucrados.

- La crisis es parte de un proceso que comprende variaciones dentro del sistema que –pasado un umbral determinado– generan cambios cualitativos en la naturaleza de los sistemas menores. Un incremento cuantitativo de ciertas variables –que cambian constantemente y que forman parte del contexto– produce un efecto dramático que tiñe el panorama global y la naturaleza del sistema. Se pasa a otra cosa, o a otra realidad.

- La alta variación –constante y progresiva– de los indicadores (o variables externas) introduce una cuota significativa de incertidumbre en el sistema menor, cuota que es promotora de ansiedad. Generada por la incertidumbre, la ansiedad constituye el aspecto subjetivo de la crisis, y surge de la mediación imprescindible introducida por la conducta individual de los sujetos comprometidos en ella.

- Los individuos necesitan planificar y predecir para poder adaptarse y sobrevivir. La adaptación requiere establecer predicciones valederas sobre los indicadores que están presentes en el ambiente. Si todo cambia, y el cambio se produce abruptamente, la adaptación se torna muy difícil. La conducta posee una dimensión intencional, es decir, apunta a fines identificables en el ambiente y en el futuro. La intencionalidad forma parte substancial de la conducta y esta es identificable en el sistema de expectativas, las cuales, a su vez, modelan la realidad.

- Los esquemas cognitivos internos –constituidos por conocimientos, valores y emociones–, necesarios para aprehender y luego adaptarse a la realidad o al contexto, son mucho más estables que la variable realidad externa. La discrepancia constituye una rémora para la adecuación al cambio.

- La confianza y la credibilidad son valores imbricados en aspectos emocionales comprometidos. Los individuos no sólo se adaptan a la realidad externa sino que también la modifican para hacerla más familiar a su propia realidad interna. Tal interjuego es creativo y promotor del desarrollo de los sistemas incluyentes. Se precisa encontrar la consonancia que coincida con los valores trascendentes de las necesidades humanas y de la adaptación.

- Las crisis pueden considerarse procesos de transición a partir de un orden paradigmático. La transición desemboca en un nuevo orden o paradigma. La realidad cambiante trae aparejados nuevos enigmas que los nuevos esquemas cognitivos buscan resolver.

- Los gerentes, los líderes institucionales, los funcionarios no pueden permanecer impávidos frente a las crisis. Los nuevos enigmas demandan un proceso de cambio que concluye en una adaptación creativa.

- La conducción eficaz de la crisis, realizada a partir de un conocimiento vivencial de los factores en juego, contribuye a lograr dicha adaptación creativa y a reducir su costo psicológico.

Crisis

- Revolución informática
  y comunicaciones
- Globalización
- Fusiones, adquisiciones,
  desapariciones
- Recesión
- Desocupación
- Pobreza
- Inestabilidad
- Terrorismo, guerra
- Recalentamiento global, contaminación,
  catástrofes naturales

- Concentración del poder.
  Centralización de
  decisiones
- Crisis de valores
- Crisis de autoridad

Cambio de paradigmas

INCERTIDUMBRE

- Ansiedad, subjetividad
  – Pánico - *burnout* - estrés - alienación - violencia
- Nuevas formas de organización

51

CAPÍTULO 1

INDIVIDUOS, GRUPOS Y ORGANIZACIONES EN UN CONTEXTO DE CRISIS

Como se señala en la Introducción, la crisis se refleja como tal en una multiplicidad de ámbitos. No hay aspecto significativo de la vida actual que no esté atravesado por la idea de crisis: el trabajo, la empresa, la familia, la pareja, el país, la economía, a todos les toca. El concepto mismo se aplica a tan variados contextos y situaciones que su sentido se torna vago: corresponde, pues, definirlo e identificar con claridad un conjunto de entidades –cada una de las cuales constituye un sistema completo– impactadas por la crisis. En este libro queremos hacer foco en las organizaciones que constituyen el objeto de nuestro trabajo habitual.

Vimos también que la crisis se vincula con una diversidad muy grande de cambios que afectan el ambiente. La velocidad, la magnitud, la variabilidad de tales cambios dan forma a una textura turbulenta que domina nuestro entorno y crea un contexto generador de incertidumbre, amenazas y tensiones. Este contexto enmarca nuestras vidas, nuestro trabajo y nuestras organizaciones, y origina crisis en esos sistemas menores. Impacta en los límites que separan el sistema de su ambiente: los torna volátiles, más permeables de lo que la estabilidad exige, amenaza con hacerlos desaparecer –situación que coincidiría con la pérdida de la identidad del sistema impactado–. Por ello la definición clara de los límites constituye ya una estrategia de recuperación y supervivencia.

Los sucesos descritos –que se presentan en el ambiente– se transforman en el hecho, pleno de significado, que interrumpe un previo transcurrir, más apacible y sereno. Los cambios nos hacen tomar conciencia de la importancia del contexto y de la necesidad de continuidad que la supervivencia reclama. No podemos negar esta nueva realidad. Está allí, se nos impone, crea una *discontinuidad* y una *ruptura* signadas por la *incertidumbre* y la *amenaza*.

Llegamos al tema de las crisis, como lo señalamos, de la mano de las *organizaciones, instituciones* o *agencias* que las padecen. Y ello, no porque no nos interese la conducta individual o la sociedad en su conjunto, sino porque intentamos una progresiva eficacia en las intervenciones organizacionales/institucionales, y porque las crisis de dichos sistemas comprometen un ámbito fundamental de pertenencia para cada ser humano. La preservación de las organizaciones, asociaciones y grupos en una época de crisis hace –en efecto– a la conservación de las fuentes o lugares de trabajo y de pertenencia, tema hoy central para la sociedad, para el país y –como es obvio– también para los individuos.

Queremos entonces centrarnos en la repercusión que la crisis, entendida como parte de un proceso que afecta al marco global, tiene en nuestras organizaciones, destacando las interacciones significativas que en tales oportunidades se generan entre la diversidad de entidades y sistemas intervinientes –individuos, grupos, organizaciones–, unidos entre sí por relaciones de "continente/contenido", interdependencias circulares que, a su vez, retroalimentan positiva o negativamente la turbulencia del ambiente. La amplia serie de entidades interrelacionadas que se mencionaron, al ser continentes unas de las otras, contribuyen a su estabilización o desestabilización recíproca tanto como a la del sistema global. Dada esta complejidad interactiva exacerbada, es fundamental tanto entender las interrelaciones como delimitar el análisis de cada una de las entidades que se consideran y centrarlo en las características y los procesos propios, afectados o alterados en la situación de crisis. Es importante considerar la diversidad de condiciones internas que caracteriza a cada sistema –y que los diferencia– para entender una situación en forma específica. Es preciso en todo momento preguntarse sobre la unidad de análisis a la que nos estamos refiriendo cuando tratamos el tema de la crisis, y cuál es el "objeto sistémico" o la entidad que enfocamos. Aclarar estas cuestiones conduce a definiciones vinculadas con los límites que existen entre los diversos sistemas. Aclarar estas cuestiones permite crear un marco de referencia indispensable para elaborar una metodología y una estrategia de cambio que posibilite remontar satisfactoriamente la crisis.

El propósito de este capítulo radica, entonces, en comenzar a construir dicho marco de referencia, imprescindible para entender y actuar en la crisis, y lo haremos a partir de la descripción y definición de los conceptos y entidades involucrados en nuestro desarrollo del tema.

En las disciplinas sociales de la organización, el management, avanzar –es decir, ser más efectivos– implica, justamente, establecer primero definiciones conceptuales claras acerca de los temas abordados, e interrelaciones correctas entre sistemas y entre niveles de análisis, evitando el riesgo de traspolar interpretaciones de fenómenos observados entre un nivel y otro o entre una unidad de análisis y otra.

Precisamente, uno de los obstáculos más grandes con que se tropieza en el desarrollo de las disciplinas sociales radica en la vaguedad con que profusamente se emplean términos que definen conceptos y unidades de análisis básicas diversas, sin precisar los límites entre los conceptos empleados. La madurez científica de una disciplina, en cambio, tal como ocurre, por ejemplo, con la química, la física o la biología, radica en la adopción de un vocabulario que defina conceptos con sentido unívoco, a partir de los cuales se enuncien leyes generales. Es menester partir de conceptos básicos establecidos que deberán ser usados con el mismo significado y con el mismo sentido por todos los miembros de la disciplina o de la práctica. Los conceptos verdaderamente operativos deben ir acompañados de definiciones operacionales, aptas para observar y verificar los contenidos implícitos en la definición de los términos empleados cuando uno pone dichos conceptos en práctica. Sin conceptos ni unidades de análisis claramente definidos, es imposible pensar ni comprobar proposiciones como las que cerraron la Introducción. Podemos conversar con los demás, pero sin la posibilidad de llegar a conclusiones válidas que permitan planear cambios y acometer una acción concertada y responsable, cuyos efectos sean duraderos en las entidades afectadas. Una real propuesta de cambio, para tener visos de validez y confiabilidad, tiene que poder ser reproducida por otro si sigue las premisas de las proposiciones generales.

Fernando Ulloa utiliza la metáfora "de la torre de Babel" cuando, refiriéndose a los avances en psicología, dice que esta metáfora popular ilustra la empresa utópica condenada al fracaso que –según el mito– se origina en la confusión de lenguas y en el uso arbitrario de conceptos sobre los cuales pretende edificarse la disciplina.[21] Jaques, por su parte, agrega –coincidiendo con el uso de la metáfora– que la torre de Babel conceptual en el campo de la organización y el management puede compararse con la "alquimia" de los siglos XV y XVI, correspondiente al desarrollo de la medicina de aquella época. Y dada la imprecisión

---

21. Ulloa, Fernando, "La Torre de Babel y el psicoanálisis", en *Sobre la Teoría y la Práctica*, 1er Congreso Metropolitano de Psicología, 21 al 25 de octubre de 1981. Publicación de la Asociación de Psicólogos de Buenos Aires.

conceptual reinante actualmente en los campos disciplinarios mencionados, los resultados actuales son los equivalentes a los que se obtenían mediante la práctica de las "sangrías", en uso entonces para el tratamiento de algunas enfermedades.

La mayor precisión nos permitirá ir construyendo un marco teórico coherente, fundado en conceptos que luego –en la acción y a los fines de la demostración– deberán presentarse y emplearse específicamente con el sentido en que fueron definidos.[22]

Lo dicho constituye uno de los meollos fundamentales en el tema de la crisis, porque –como ya se explicó en la Introducción– el término es ambiguo y puede emplearse para aludir a situaciones y a niveles de análisis muy diversos. "Crisis" es uno de esos conceptos comodín (como también lo son "estrés" o "surmenage"), generalmente usados a falta de una definición lograda y completa que permita diferenciar signos de síntomas y de enfermedades. Y ello, porque se carece de una casuística encarada con rigor metodológico y conceptual, para que los hechos permitan desarrollar instrumentos confiables y teorías válidas.

Por ello, y puesto que hemos de centrarnos en las organizaciones, comenzaremos por definir los términos "organización", "contexto" y "crisis", y describiremos luego operacionalmente algunos de los componentes principales de estos "objetos sistémicos". Asimismo tendremos en cuenta lo que les pasa a los individuos expuestos a un contexto turbulento, porque ellos son los mediadores imprescindibles para lograr que las organizaciones funcionen y, de esta forma, sus motivaciones, sus percepciones de la realidad y –en particular– sus "ansiedades" serán tenidas en cuenta para poder encauzarlas y canalizarlas constructivamente,

---

22. Jaques, Elliott, *La organización requerida, op. cit.*

pues ellas contribuyen, de distinta manera, al proceso desestructurante y desestabilizante que representa la crisis en un sentido global.

La idea de contexto turbulento trae a la mente nuevas realidades que es preciso comprender, ya que constituyen una característica de los períodos que describimos e imponen renovadas exigencias adaptativas a las entidades menores.

Aparecen así –como suele advertirse cuando libremente se utilizan ejemplos de la vida diaria en las descripciones– casos y relatos que comprometen, todos ellos, una serie de *objetos sociales que interactúan en un medio ambiente particular que los contiene.* Y la clave para entender el problema involucrado en tales descripciones radica en las interrelaciones que sólo pueden darse si se entiende la realidad esencial que singulariza a cada objeto en su relación con los demás, y que varía en sus características, complejidad, tamaño, etcétera. En efecto, en las situaciones planteadas previamente, se conjugan una variedad de sistemas específicos que convocan niveles de análisis y de explicación propios de los fenómenos que los caracterizan. Las interrelaciones y determinaciones múltiples dan lugar, como señaló Ackoff, a verdaderos y complejos embrollos del conocimiento,[23] que sólo se resuelven desarrollando teorías de alcance medio.

Hay problemas comunes a distintos objetos, pero cada uno de ellos representa una entidad específica e individual. Resulta difícil relacionar unos con otros sin caer –si no se los ubica y contextualiza correctamente– en el riesgo del reduccionismo, de la traspolación o, directamente, de la distorsión de lo observado. Por ello, se ha buscado aquí desarrollar un vocabulario especial, basado en conceptos

---

23. Ackoff, Russell, "La ciencia en la era de los sistemas: más allá de la ingeniería industrial y la investigación operativa", *Operations Research,* Vol. 21, N° 3, mayo-junio 1973.

aptos para ayudar a relacionarlos, respetando y entendiendo su especificidad como objetos.

Los conceptos que facilitan el trabajo sobre las interrelaciones provienen de la teoría de los sistemas. Algunos de ellos –como los de *"objeto-fin"*, *"organización"*, *"conducta"*, *"medio ambiente"*, *"contexto"*, *"trabajo"*, *"organismo viviente"*– son conceptos-puente, porque permiten ligar fenómenos comunes a los distintos niveles de análisis sin que se pierda la especificidad, la integración y la interacción.

Como ya señaló K. Lewin, en la observación de la conducta social que compromete una unidad de análisis determinada –por ejemplo, un grupo– siempre se requiere describir una unidad de análisis más amplia que la de la actividad o que la de los sucesos observados. Una descripción confiable de la unidad más amplia da sentido a los hechos observados. Cada una de las unidades observadas tiene propiedades específicas. La organización del grupo no es la misma que la organización de cada uno de los individuos que lo componen. La meta del grupo no es idéntica a la suma de las metas de sus miembros. En un grupo altamente diferenciado –organizado–, generalmente las variantes entre las metas individuales, y entre estas y las de la unidad más amplia, son significativas. Tenemos –por una parte– las motivaciones, intenciones y propósitos individuales de los miembros del grupo. Pero también, en la medida en que todos ellos forman parte de una misma organización, son sujetos expuestos a "metas sancionadas públicamente" cuyo acatamiento se les impone para "pertenecer", lo que determina también sus conductas. Es menester entender las distintas dimensiones que prefijan las orientaciones de la conducta individual o de un grupo de trabajo, porque, por ejemplo, la consideración de los diversos planos permite identificar conflictos y contradicciones que ayudan a entender, así, la tan meneada "resistencia al cambio". Puede haber un cambio sancionado para las metas de un grupo, aparentemente aceptado, que va, sin embargo, a contrapelo de una conducta no manifiesta determinada por motivaciones profundas. Un cambio resuelto –y aun concertado– puede dejar sin tocar otro plano fantaseado o fantasmático de la conducta que opera en la dirección opuesta a la de los cambios propuestos. Estas circunstancias acontecen muy frecuentemente en las situaciones de crisis en las que se imponen ciertos cambios adaptativos, por ejemplo, en las metas que una organización se propone para operar más eficientemente según las mudables demandas que provienen del mercado, cambios que se enfrentan con la "resistencia" no manifiesta de los individuos que deben implementarlos. Si dichas propuestas innovadoras no son aceptadas en un sentido profundo por los individuos involucrados, los cambios se hacen retardatarios. Los cambios en las conductas latentes pueden ser más lentos que los cambios en las políticas vigentes. Aun cuando las políticas respondan a las necesidades latentes de los individuos, no siempre son asimilables, entendibles y fáciles de aceptar. De allí que en el trabajo con individuos humanos, el proceso de cambio constituya una complejidad que hay que aprender a considerar. Es lo que le ocurre a una organización cuya adaptación se impone para adecuarse a una nueva realidad. Los distintos planos motivacionales y las distintas realidades interactuantes determinan demandas paradojales en las personas, que se ven expuestas a contradicciones que las desestabilizan.

Las diversas unidades sociales poseen características propias, asociadas con sus dimensiones. Por ello la variable "tamaño" da lugar a estrategias específicas y a recursos particulares que es necesario movilizar y tener en cuenta. No es lo mismo un pequeño grupo de socios que se junta para desarrollar un microemprendimiento, que una familia empresaria, una empresa mediana o "grande", altamente formalizadas todas ellas, enfrentando una situación de crisis. Bateson, en una de sus obras póstumas –*Espíritu y naturaleza*–[24], aludiendo al tamaño de las unidades de análisis, en un punto denominado "A veces lo pequeño es hermoso" (que evidentemente parafrasea el título del libro de Schumacher *Lo pequeño es hermoso*[25]), dice que ni a la mariposa le vendría bien ser más grande ni al elefante ser más pequeño: cada uno de estos organismos tiene apego a lo que es. Esta frase constituye una invitación a respetar las diferencias en relación con el tamaño, entendiendo que cada entidad posee sus leyes propias que derivan de su dimensión. De aquí se desprende, por ejemplo, que la estrategia de supervivencia para un pequeño emprendimiento –conformado por un grupo de socios– sea muy distinta de la de una PyME, una empresa familiar, o una gran empresa. Cada una de estas entidades necesita desarrollar un sistema conceptual propio.

La elección del tamaño de la unidad que ha de considerarse en la resolución constituye, por ende, un problema práctico y, a la vez, teórico, y no es una cuestión arbitraria o casual. De una u otra forma, el recorte del área de observación es parte del diseño que el operador debe adoptar. En cualquier estudio, establecer qué unidad debe tomarse en cuenta para contextuar y significar una conducta social determinada constituye una cuestión objetiva de máxima importancia.

Es necesario, además, considerar –en la observación de los sucesos– el marco y el tamaño desde el punto de vista espacio-temporal, puesto que también interesan los períodos y la orientación a lo largo del tiempo. En las empresas –o en otras organizaciones en crisis–, como podremos ver, la variable tiempo asociada con la percepción del futuro se transforma en una dimensión sumamente relevante para el análisis y para la planificación de los cambios. Así, los empresarios

---

24. Bateson, Gregory, *Espíritu y naturaleza*, Buenos Aires: Amorrortu, 2001, Cap. 2, p. 49.
25. Schumacher, E.F., *Small is Beautiful: a Study of Economics as if People Mattered*. Great Britain: Blond and Birggs Ltd., 1973.

suelen sostener, en los períodos de turbulencia, que no se puede prever y planificar a futuro. Y esta percepción de las cosas determina un estancamiento en la capacidad para prever y planificar. Es verdad que los cambios abruptos provenientes del mercado se transforman en una realidad que interrumpe y modifica proyectos, rumbos, procesos prefijados por planes. Es frecuente que cuando esto ocurre, la gente desarrolla la tendencia a no planificar y, de esta forma, se acortan los tiempos de las acciones emprendidas y se comienza a operar en lo urgente, dejando de lado lo importante.

Por ello, en el análisis de las unidades más amplias el dato relativo a la duración de los eventos –el período hasta llegar a la meta– constituye un tema crucial que destacaremos en las estrategias frente al cambio, momento en que también se hablará de los instrumentos para la planificación que permiten enfrentar tales dificultades. Este tema fue demostrado y formalizado en las investigaciones de Jaques a través de la metodología del *time-span*. Como observación general podemos anticipar que en los primeros tiempos de los períodos de crisis, se achica el "horizonte de planeamiento", las acciones y las decisiones se refieren a episodios muy inmediatos pero, al mismo tiempo, se reduce la perspectiva necesaria para introducir cambios duraderos. La metodología del *time-span* demuestra ser válida para establecer el lapso real que demanda una tarea, un proyecto, un emprendimiento, o la superación de un evento organizacional determinado. Esta metodología responde asimismo a las condiciones de objetividad, y permite la verificación empírica –condición para superar la época de la "alquimia" en las disciplinas de la organización–, el conocimiento empresario y el gerenciamiento a los que se aspira.[26]

Según lo que venimos señalando, el significado social de una orden o de una instrucción depende del modo de

---

26. Jaques, Elliott, *op. cit.*

contextualizarla en la unidad más amplia. Tal orden o instrucción puede hallarse vinculada a temas asociados con una política esencial para el sistema más amplio, o al contrario, puede tener poca trascendencia. Las observaciones relacionadas con la dinámica del poder dependen de la manera en que este se otorga, del significado que asume, y de la forma en que se legitima en la unidad más amplia.[27] Por ejemplo: el poder y la autoridad que ejerce un jefe puede ser mayor o menor en un tipo de organización que en otro. Así, cuando en la unidad más amplia está instaurado el *accountability* como principio de gerenciamiento, el poder, la discrecionalidad y la autonomía de los jefes intermedios crecen.

Se busca, en las líneas que siguen, definir algunos de los conceptos vinculados con las entidades "sistémicas" de las que nos ocupamos en este capítulo, comenzando por la idea de organización, idea en la que este trabajo intenta centrarse.

A los fines de nuestra efectividad como operadores, corresponde establecer el tipo de entidad u objeto social al que nos referimos al hablar de organización o de empresa, cuyos problemas de supervivencia se pretende modificar, para enfrentarlos y mejorarlos. Cabe apelar, entonces, a la siguiente definición:

La organización constituye, como sistema social, una entidad concreta, deliberadamente creada y oficialmente sancionada para cumplir fines específicos, vitales para su subsistencia y la de sus miembros. Los individuos, que son los mediadores indispensables, la convierten en un organismo vivo, llevan a ella –depositan en ella– su intencionalidad, sus expectativas, necesidades y deseos. La organización se establece para procesar trabajo –que, en esen-

---

27. Lewin, Kurt, Cap. VII: "Problems of research in social psychology"; Cap. IX: "Frontiers in group dynamics"; Cap. X: "Behavior and development as a function of the total situation" (1943-44). En *Field Theory in Social Science*, Tavistock Publications, 1963.

cia, es trabajo humano y que consiste en resolver problemas que siempre involucran una cuota de discrecionalidad variable–. La organización del trabajo se vale de una estructura y un sistema de autoridad que legitiman la existencia de responsabilidades y capacidades diferenciales. Las formas y la estructura adoptadas responden a la naturaleza de la organización y de "su negocio", y, al mismo tiempo, permiten manejar la complejidad de los problemas que le plantea su inserción en el ambiente social más amplio, en el cual interactúa con otras entidades similares, y al que se dirige para obtener lo necesario para subsistir, desarrollarse y crecer.

Las organizaciones –por lo tanto– son entidades específicas y concretas pertenecientes al mundo de lo social: lo modelan y a su vez son modeladas por él. Tienen la capacidad de imprimirle un clima y una calidad que luego revierte en la dinámica interorganizacional. En las épocas de crisis, por ejemplo, las empresas agudizan sus estrategias competitivas y el clima social se hace más violento, pudiendo resultar menos contemplativo de la individualidad ajena, hecho que resiente las relaciones de colaboración interempresaria. Lo que aquí llamamos *mundo social* constituye, en efecto, un contexto imprescindible para que las organizaciones se desarrollen, sean reconocidas, y capaces de interactuar con otras organizaciones. Sus crisis ponen de manifiesto que no es posible comprenderlas sin adentrarnos en el análisis de su entorno. Y así, toda crisis basada en un devenir histórico sólo puede interpretarse en función de su entorno (que en este trabajo llamamos "contexto"), que no está totalmente definido.

El cumplimiento de fines

El sentido de los sistemas emana del cumplimiento de fines o metas.

La organización, en tanto sistema –así como todo grupo humano–, se constituye a partir de un acto deliberado que legitima su existencia y por el cual entra a formar parte del mundo social.

El cumplimiento de fines conecta a la organización con su medio ambiente. En el ambiente, la organización localiza el objeto al cual se dirige para cumplir sus fines. Siempre hay un estado de cosas deseado que un grupo, una organización o una comunidad aspiran a realizar, y un objeto u objetos que los satisfacen. Los fines y el objeto dan sentido a la organización. Los deseos y las expectativas como elementos de la conducta individual pueden integrarse y articularse con el proyecto grupal, organizacional y comunitario consensuado e institucionalizado a través de las metas sancionadas, conocidas y aceptadas como legítimas.

El proceso de explicitación de planes y metas es fundamental y de particular relevancia en las situaciones de crisis –dada la marcada variabilidad del contexto–. En tales situaciones, los planes y las metas se desactualizan y, por ende, necesitan ser reformulados.

El cumplimiento de fines constituye una característica esencial no sólo en las organizaciones, sino en todo organismo viviente. Desde los unicelulares hasta la compleja organización de la colmena, todos desarrollan una actividad intencional que es, además, prospectiva –apunta a un futuro deseable– cuyo objetivo de cumplimiento involucra un "target" localizable en el medio ambiente externo, que las empresas consideran parte de su mercado.[28, 29] La esencia de la conducta está, por lo tanto, orientada al contexto y al futuro y se apoya en una experiencia que hace del organismo que la desarrolla un sujeto histórico.

---

28. Margulis, Lyn y Sagan, Dorion, *What is Life?*, New York: Simon & Schuster, 1995. Ver capítulo 6.
29. Jaques, Elliott, *The Life and Behavior of Living Organisms*, Westport, C.T.: Prager Publishers, 2002.

Jaques destaca que la esencia del trabajo radica en la orientación al cumplimiento de metas. Trabajar es cumplir con metas establecidas. Para un individuo, para una organización, y para cualquier sistema humano, este propósito se estructura alrededor de un proyecto, que constituye el elemento central de su actividad, de su conducta. En los organismos más elementales, cumplir con metas significa buscar las substancias alimenticias necesarias para la supervivencia: comprende, básicamente, desarrollar una conducta intencional. El organismo viviente, al apuntar al medio ambiente para buscar lo que necesita, desarrolla una conducta selectiva, es decir, elige y decide. No cualquier substancia le es apetecible; ante la ausencia de la preferida, se opta por otra. En todos los casos ello supone un rudimento de conciencia que le permite discriminar, separar, ejercer opciones para luego decidir y acometer la acción. Así de sencillo, pero también así de complejo y completo, aun en las unidades más pequeñas, supuestamente elementales.

El conjunto de propósitos y metas se integra en un plan de acción o proyecto, que por lo común se denomina estratégico.

El proyecto es fundante y fundamental. *Se basa en la* misión *y la* visión, *de las que se desprenden objetivos y estrategias más –o menos– complejos.*

A fin de cumplir con las metas establecidas, la organización, al igual que los individuos que la componen, *trabajan.*

Todo proyecto y todo objetivo busca consolidarse a través del tiempo. Tiene una orientación que marca un vector hacia el futuro y compromete plazos variables de consumación. La dimensión temporal –como ya se dijo– es fundamental para encuadrar un plan de trabajo y para realizar asignaciones más individuales que puedan enmarcarse en un plan conjunto.

Esta orientación temporal e intencional de la conducta implica siempre la capacidad del organismo para realizar predicciones valederas acerca del futuro. En las situaciones de crisis, la extrema variabilidad de las condiciones del ambiente actúa alterando la dimensión temporal y el cumplimiento de los fines. Las metas requieren ser frecuentemente reformuladas para lograr una adaptación acorde con el contexto. En el capítulo correspondiente a la implementación de un modelo de resolución de la crisis, se ha de considerar el proyecto y el plan estratégico como el objetivo inicial –tratándose de una secuencia guiada por la lógica– que necesita ser reformulado y actualizado en la crisis.

Autoridad y jerarquía

En la definición que Schein propone para *organización*, aparecen los dos elementos nuevos consignados en este apartado. Según este autor, la organización es la *"coordinación racional de actividades de un cierto número de personas que intentan conseguir una finalidad u objetivo mediante la división del trabajo a través de la jerarquización de la autoridad y la responsabilidad."*[30]

La coordinación de esfuerzos está instrumentada por la presencia de una autoridad central, que con tal propósito ejerce una acción imperativa. Esta "coordinación imperativa" forma parte del modelo weberiano, y es la que prevalece en la estructura organizativa de las empresas y también en la administración de los asuntos públicos. Existen organizaciones no jerárquicas que se valen de un modelo más

---

30. Schein, E.H., "Problemas psicológicos de las organizaciones" (Cap. 2), en *Psicología de la organización*, Madrid: Prentice Hall International, 1972.

horizontal de distribución del poder y la autoridad. Esto acontece fundamentalmente en asociaciones de profesionales, cooperativas o instituciones relativamente pequeñas. Pero cuando la organización crece, en aras de la eficiencia técnica y productiva del *out-put,* va diferenciándose internamente y especializándose en funciones, y emerge un sistema de liderazgo gerencial, basado en la jerarquía de un sistema de autoridad. En las "asociaciones" –como son los casos del directorio de las empresas privadas, un partido político o un sindicato–, las autoridades son electas y representan a los electores.

Ocurre así, entonces, que puede haber variantes en los fundamentos de la legitimidad por la cual se ocupan los roles de conducción en los distintos tipos de organización. El rol de autoridad puede igualmente asumir nombres diferentes: director, gerente, presidente, secretario general. En los agrupamientos espontáneos, las posiciones de conducción e influencia son ocupadas por líderes que también surgen espontáneamente.

Pero lo central de la idea de organización radica en el hecho de que siempre se presenta algún grado de autoridad como forma de asegurar la cohesión y la coordinación del sistema.

En las empresas, lo habitual es el liderazgo de un gerente que se guía por principios de eficacia gerencial y de responsabilidad, por los que rinde cuentas. En las modernas orientaciones que buscan fortalecer el rol gerencial y que guían los procesos de cambio y reforma en la administración de los asuntos públicos, por ejemplo, el concepto de *accountability* es clave. *Accountability,* que en otras obras ha sido traducido como *respondibilidad* –término acuñado tanto en español como en inglés por faltar otro que sintetice como concepto su significado–, caracteriza a la responsabilidad por *la que se rinde cuenta.* No se refiere a cualquier tipo de responsabilidad individual, regulada por resortes internos y que tiene un carácter moral en su esencia. Representa un contenido sancionado, es decir específicamente formulado y establecido, referido al contenido de las tareas, e involucra resultados esperados. Y el aspecto central del concepto es que es parte del *contrato de empleo* y que siempre hay una instancia superior que verifica su cumplimiento y sanciona las consecuencias. Como veremos más adelante, el hecho de que un gerente tenga que rendir cuentas es fundamental. Consideremos lo que representa el hecho de que en la administración de los asuntos públicos, un jefe, gerente o director tenga que rendir cuentas explícita y específicamente por las tareas que ha realizado, luego del período que involucra su mandato. Permite asegurar y reforzar la importancia del cumplimiento de las metas establecidas, y ligarlas a resultados.[31]

En muchos enfoques contemporáneos sobre las disciplinas de organización y management, se desconoce la jerarquía y se asocia autoridad con autoritarismo, lo que constituye un prejuicio muy difundido, basado en concepciones utópicas o fantaseadas. La idea de autoridad y de jerarquía se ha desprestigiado, quizás como lo señala Jaques, porque se la desconoce o se la trata con superficialidad. La idea de jerarquía está asociada con las de complejidad y creatividad. Cualquier trabajo complejo requiere de una coordinación concertada basada en un poder legítimo para guiar la conducta de un conjunto de colaboradores. Lo que legitima la existencia de las diversas posiciones de autoridad es

---

31. El concepto de *accountability* gerencial es central en la caracterización que Elliott Jaques hace del modelo ejecutivo jerárquico de organización. Asimismo, el autor destaca la emergencia de la jerarquía coincidente con la complejidad de un sistema determinado. Igualmente señala la difundida tendencia que existe en el management contemporáneo a desdibujar el sentido de la autoridad y de la jerarquía (ver, por ejemplo, Jaques, Elliott, *La organización requerida*, ya citada).

la capacidad individual que permite que las posiciones sean ocupadas por las personas que están en condiciones de hacerlo.

La organización "colmena"

En la colmena se sintetizan la mayoría de las nociones de organización hasta aquí descritas.

En ella se presenta muy claramente la idea de autoridad y de jerarquía, y así lo destacan Margulis y Sagan.[32] Como surge de los conceptos de A. Koestler, el principio de jerarquía es parte de la organización de toda materia. Y por cierto, constituye una forma de organización utilizada por los organismos vivos para lograr su adaptación.

Existe en la colmena una jerarquía interna, una estructura, y un conjunto de prácticas muy bien instrumentadas, que facilitan la integración. La colmena ofrece, así, un modelo que refleja una integración superior de organismos individuales, y muestra la existencia de una totalidad dinámica y activa, comprometida con la consecución de objetivos y metas comunes. Se consolida a través de mecanismos de colaboración y cohesión basados en la confianza mutua y en la aceptación de la autoridad y de la jerarquía que de ella emanan.

Lo interesante es que aquí la cohesión compromete niveles de integración muy diversos, desde el fisicoquímico hasta el biológico y el comportamental. La abeja reina, con su cohorte de trabajadores machos que la lamen y la tocan con sus antenas muestran la existencia de un equipo de trabajo que gira alrededor de una figura central.

---

32. Margulis, Lynn y Sagan, Dorion, *op. cit.*, p.193.

Todos ellos son atraídos por un producto químico: la fero-hormona, que distribuirán por toda la colmena a través de una conducta hiperactiva, y que se convierte en un factor fundamental de integración y colaboración. En esto, la organización social actúa en muchos niveles, magnitudes y estadios de interacción, conformando una "*holarquía*". Este último término fue acuñado por Arthur Koestler, y combina el griego *holos*, que significa "todo, completo", y la terminación –*arquía* (también de origen griego, que se relaciona con el *arjé*: origen, comienzo, y de ahí, el dominio, la primacía; de donde el verbo *arjo, arjomai*, "ser el primero"). El término *holarquía* alude a una estructura organizada jerárquicamente cuyas unidades se llaman *holon*. Cada una de ellas puede verse como totalidad o como parte, según el lugar desde donde se la contemple.[33] "Jerarquía" se vincula asimismo con *arjé*, y toda su cadena semántica (las palabras terminadas en –*arquía* se refieren, por lo demás, a formas de organización y de gobierno, por ejemplo "sinarquía", "oligarquía"). Una vez más, el análisis etimológico de ciertas palabras –conceptualmente fuertes– que caracterizan un modelo permite profundizar en el significado que dichos modelos poseen.

Autoridad –*accountability* gerencial– y fortalecimiento ético

El concepto de *accountability* es, como ya comenzamos a insinuar, crucial para encarar el problema de la corrupción con el que se vincula la crisis. Kurt Lewin observó que en algunos sistemas autocráticos, la existencia de niveles intermedios de gerenciamiento y responsabilidad delegada

---

33. Margulis, Lynn y Sagan, Dorion, *op. cit.*, Cap. 9, p. 192.

tendían a desdibujarse. De tal modo, la organización quedaba estructurada en dos niveles: el líder y el resto.

Por lo demás, en una obra anterior señalábamos específicamente que la crisis actual es fundamentalmente una crisis de valores. En ella, el fenómeno de la corrupción ocupa un lugar preponderante.[34] Moisés Naim y Norman Gall, en un trabajo de 1966, advierten que la utilización discrecional del cargo y los recursos públicos en beneficio personal constituye un mal endémico que se repite en la historia. Esta misma tendencia –como ya se dijo– ha llevado al colapso a grandes empresas privadas, que sucumben frente al descrédito ante el público que las respalda y avala. En estos casos se pierde de vista el sentido de la responsabilidad, de la delegación y de la confianza depositada y que está en la esencia de una designación para ocupar una posición de gerente o funcionario. Según Naim y Gall (1966), la corrupción siempre fue un problema en el desarrollo de la humanidad. La conducta corrupta de los funcionarios, por ejemplo, contribuyó significativamente a la caída del Imperio Romano, condujo al estancamiento económico en la antigua China, debilitó las ciudades estatales del Renacimiento italiano, obstruyó el desarrollo político de Gran Bretaña y de los Estados Unidos, aceleró el colapso de la Unión Soviética. La misma tendencia se verifica en los países latinoamericanos a partir de 1810. La apropiación de bienes públicos fue favorecida en ellos por la debilidad de los gobiernos y la laxitud de los principios morales en la población. Después del colapso de la reglamentación española y portuguesa, ocasionado por las guerras napoleónicas, se incrementó una decadencia moral generalizada que afectó a los gobiernos locales. La corrupción se transformó en una

---

34. Schlemenson, Aldo, "Crisis, valores y ética en las organizaciones" (Cap. 8), en *La estrategia del talento*, Buenos Aires: Paidós, 2002.

cuestión política fundamental en la década de los '90, tendencia que indudablemente incidió en el pico de catástrofe que se impuso en la Argentina en 2001 y al que nos referimos frecuentemente en este libro. El fenómeno continúa haciendo tambalear gobiernos en otros países, acentuando el hecho de que la corrupción no constituye un problema local sino también global. En Brasil tanto como en México, en los últimos veinte años este problema desestabilizó gobiernos y determinó la renuncia de primeros ministros. En Perú, marcó el fin del gobierno de Fuyimori. La falta de claridad y diafanidad intencional facilitó la caída de ministros y presidentes en Venezuela, Colombia y Argentina.[35]

El descrédito y la desconfianza públicos que provocan los hechos de corrupción se constituyen en el caldo de cultivo de una decadencia moral que incide poderosamente en el desarrollo político y económico. "¡Que se vayan todos!", decían las multitudes de los "cacerolazos". El fenómeno de descrédito, y el nihilismo que provoca en la población, acentúan, sin duda, la recesión, la desocupación y la retracción económica. Parece que toda la energía se concentra en la crisis del sistema de autoridad. Cuando la credibilidad del sistema político en su totalidad está en la mira, el sentido mismo de la representatividad de los poderes públicos se ve erosionado, y tiende a desaparecer la legitimidad depositada en las figuras de gobierno. Las instituciones de gobierno en su totalidad están sometidas a una prueba de consistencia ética y de integridad por la ciudadanía, que legitima la autoridad de sus instituciones a través de la aceptación y el cumplimiento voluntario de sus mandatos. Por todo ello, constituye una preocupación fundamental

---

35. Naim, Moisés y Gall, Norman, "Corruption and Democracy", en *Brandel Papers*, Fernand Braudel Institute of World Economics, N° 13, 1966.

para quienes tienen la responsabilidad de afrontar los procesos de reforma y modernización del Estado.

La transparencia y la credibilidad de las instituciones, agencias y organismos públicos que tienen a su cargo el control del cumplimiento de ciertas obligaciones básicas de la ciudadanía, determinan con certeza la aceptación voluntaria. El descrédito de las figuras de conducción actúa como una justificación tranquilizadora de las numerosas transgresiones consuetudinarias. Aquellos que aspiren a cambiar esta situación, se verán obligados a encarar el problema de fondo para que los planes tengan resultado.

Enfrentar esta problemática compromete un cambio organizacional y cultural muy amplio. Es preciso instaurar una reforma que compromete el sistema mismo de autoridad. En ello está involucrada la necesidad de reformular el rol gerencial y enfrentar el tema de los valores que subyace como problemática en las situaciones de crisis. Se logra fortalecer el gerenciamiento cuando se introduce –en forma sistemática– el principio de *accountability*. Entre otras utilidades prácticas, la introducción sistemática de este principio gerencial conduce a reforzar los requisitos de claridad e integridad que requieren las organizaciones. Pudimos verificar este hecho cuando, a través de la consultoría, tuvimos la oportunidad de investigar el problema y la misión de proponer medidas de reforma en organismos que son parte de la administración pública. En esos ámbitos, la necesidad de fortalecer el rol del jefe y de dotar de autoridad y autonomía con la responsabilidad de rendir cuentas formó parte de una estrategia del desarrollo organizacional básico. Michael Dollan (1997), hablando de la necesaria reforma en la administración pública, señala –por ejemplo– que es fundamental reforzar el principio de *fideicomiso público,* que lleva implícita la idea de *mandato* por el cual el funcionario tiene el deber de rendir cuentas. La autoridad debería estar basada, sostiene, en la obligación de dar servicio. Estos conceptos connotan *buena fe, fidelidad, lealtad, observancia, rectitud, honradez,* todo lo cual está refrendado por una postura ética, que necesita ser reforzada.

Carlos Silvani, que tuvo a su cargo proyectos de reforma de la administración de impuestos en alrededor de cuarenta países –entre ellos, ocho latinoamericanos y otros como Rusia, Ucrania, Polonia, y la República Popular China–, sostiene que para combatir la corrupción se necesita introducir el principio de la *accountability* gerencial. En particular destaca la metodología que propende a una evaluación clara de la estructura organizativa conducente a una definición inequívoca de cada rol en ella. Para ello la definición de las *respondibilidades* propias de cada rol y, en especial, de los roles gerenciales o de jefatura, constituye una herramienta fundamental para desarrollar la efectividad y neutralizar la corrupción. En efecto, definir que el gerente inmediato es plenamente *"accountable"*, es decir rinde cuenta por los resultados y la conducta laboral de sus subordinados, constituye una piedra basal sobre la que debe construirse una estructura *requerida*. Esto quiere decir que el gerente también tiene que rendir cuentas por las acciones de sus subordinados o empleados a su cargo, incurridas en el cumplimiento de sus obligaciones como funcionarios. Esto representa, al mismo tiempo, que las tareas son delegadas, pero que el gerente o jefe continúa siendo *accountable* por las conductas en el ámbito del trabajo encomendado. Parece simple y sencillo, pero lo obvio, por lo general, no se encuentra en vigencia, y de su obviedad no necesariamente se desprende su profundidad como idea.

Silvani cita una experiencia reciente en la administración de impuestos de Indonesia, que era objeto de fuertes sospechas de corrupción en la opinión pública. La aplicación de esta definición acerca de las respondibilidades del manager tuvo un impacto muy positivo en aquel país: el cambio, públicamente reconocido por los contribuyentes encuestados, tuvo a su vez un impacto significativo en la recaudación.

El análisis de estructura como parte de un proyecto de desarrollo organizacional es fundamental para introducir cambios duraderos en una organización altamente formalizada. La identificación de las inconsistencias que se observan entre la organización formal, la organización existente y la que se necesitaría, posibilita la formulación de una nueva estructura, más clara, con el número de estratos organizativos necesarios, a la que se denomina "organización requerida".[36]

Así, la *accountability* gerencial, sumada a un conjunto de otros elementos de organización, estructura y sistemas, aseguran la claridad, la diafanidad intencional, y de esta forma la credibilidad del sistema ante el público. Permiten la existencia de responsables unívocos de las decisiones que se toman. Dada la situación antes descrita y la ineficiencia que han evidenciado los sistemas organizativos desarrollados fuera de esquemas claros vinculados con conceptos fundantes, este análisis es clave para consolidarlos y ayudar a su fortalecimiento ético. Y por la importancia que le asignamos a la corrupción en la caracterización de la crisis global, el fortalecimiento de la función gerencial y de una autoridad equilibrada y justa, constituye un asunto central para el análisis y para la búsqueda de soluciones.

En la jerarquía gerencial, explícitamente definida, oficial y legítima, todos saben quiénes son los jefes o gerentes –o pueden saberlo–. Quién reporta a quién y qué responsabilidades tiene cada uno constituyen hechos legítimos sancionados públicamente. También se conocen las consecuencias que resultan del manejo discrecional en el ejerci-

---

36. Silvani, Carlos, "Elliott Jaques from a CEO Stand Point", en Aldo Schlemenson, "An Innovative Approach: Elliott Jaques", *Journal of Applied Psychoanalytic Studies*, 2006.

cio de la autoridad. Este principio, por lo tanto, correctamente establecido e instituido, evita la ineficiencia causada por la confusión organizacional o el uso arbitrario del poder que se deriva de una mala concepción de la autoridad. El sistema ejecutivo gerencial bien encarado, está diseñado para hacer efectiva la delegación y la asignación de tareas. Los resultados se evalúan a través de períodos regulares de tiempo establecidos, y mediante métodos equitativos que buscan la racionalidad y la eficiencia, limitando la arbitrariedad. Y lo que es válido –en este sentido– para una empresa, lo es también para las otras formas de coordinación imperativa del esfuerzo humano existentes en nuestra sociedad: grupos, asociaciones, cooperativas, agencias, organismos gubernamentales; todos se valen de dicho sistema de autoridad para lograr la efectividad buscada.

Puede afirmarse, como conclusión parcial, que el tema de la autoridad es central para entender la crisis en cualquier sistema organizativo. La autoridad representa, para los miembros, un eje fundamental al que se refieren las identificaciones primarias y secundarias de las relaciones entre individuos y roles. Constituye el ordenador principal de dichas relaciones. Permite el alineamiento de las funciones, es fuente primaria de la contención y de la integración que da lugar a una orientación direccional sostenida en el cumplimiento de la meta.

En los sistemas humanos, la figura de autoridad posee un contenido simbólico particular. Se erige en la representación de la ley y permite la estructuración, en torno de su existencia, de un sistema de equidad y de justicia que aporta valores fundamentales de orden y paz para los miembros. La importancia simbólica de esta dimensión vertical adquiere en las situaciones de crisis una relevancia estratégica básica, por ausencia o por rígida presencia.

"El pez comienza a pudrirse por la cabeza" fue la metáfora utilizada por Perón en uno de sus últimos discursos, para referirse al comienzo de un proceso de deterioro en una organización política. Algunos le atribuyen esta expresión a Mao Tse Tung.

En síntesis, la relación con la figura de autoridad tiene una repercusión motivacional principal como elemento ordenador de un sistema en crisis, y de allí deriva nuestra hipótesis, vinculada con los componentes fundamentales que hacen a un liderazgo efectivo: la consistencia ética y el talento. Esta proposición fundamental permite deducir algunas conclusiones vinculadas con la acción.

En las situaciones de crisis:

- Se hace necesario considerar la selección de las figuras de conducción superior con un sentido estratégico. La búsqueda de los candidatos necesarios responde a un perfil que deriva de las conclusiones anteriores. Se trata de hacer extensiva a todos los niveles gerenciales la necesidad de contar con procesos de selección que aseguren el ajuste a ciertas competencias organizacionales buscadas, comenzando por la correspondencia entre el nivel del cargo y el nivel de capacidad de la persona que lo ocupa. En esto, el concepto de capacidad individual y la definición de los distintos niveles de capacidad que se requieren para ocupar posiciones gerenciales constituyen herramientas conceptuales muy útiles. Las conductas ejemplares se transmiten por identificación con las figuras de autoridad superior. Por lo tanto, la consistencia ética, la credibilidad, la integridad y, básicamente, la capacidad para imaginar y dirigir constituyen competencias fundamentales. En estos tiempos de crisis debemos agregar que la capacidad para manejar situaciones de incertidumbre y problemas de respuesta abierta con una buena dosis de creatividad, conforman las competencias buscadas.

- Con los ejemplos últimos, referidos a la administración pública (sector fuertemente afectado por la crisis de nuestro tiempo), aspiramos a destacar la importancia que tiene contar con conceptos claros y con un marco conceptual coherente para encarar los problemas. Las ideas de cambio se sustentan en definiciones que estipulan en forma inequívoca el alcance de dichas ideas y señalan operativamente cómo debe ser orientada la acción, como condición para que el cambio resulte efectivo.

Aquí se han destacado conceptos tales como los de organización, sistema, jerarquía, respondibilidad gerencial, nivel de análisis, estructura organizativa, etcétera, descritos en forma inequívoca. A su vez, se mostró una metodología de abordaje –a la cual se volverá con más detalle en el capítulo seis– basada en una exploración empírica sistemática de datos y de hipótesis sobre los que se sustentan cambios significativos.

Definición de *accountability* (respondibilidad gerencial)

Respondibilidad

Objetivo: reforzar el liderazgo, el compromiso y el cumplimiento de resultados.

El gerente rinde cuentas por:

- Su propia eficacia.
- El resultado y la conducta de sus colaboradores directos.
- El ejercicio del liderazgo gerencial.
- La constitución y mantenimiento de equipos de trabajo eficaces rige en los sistemas ejecutivos jerárquicos.

Individuos y grupos
en la dinámica organizacional

Los individuos y los grupos que conforman las organizaciones constituyen a su vez sistemas relativamente autónomos que se vinculan entre sí por relaciones de interacción e interdependencia recíproca, y por la "pertenencia" que ofrece una organización determinada. Formar parte de una organización laboral constituye, para un número muy grande de personas, una condición para poder trabajar y asegurarse la subsistencia propia y familiar.

Podemos decir que la conducta, como expresión y como forma de acción individual, se integra en la organización a un sistema social complejo que la modela, la encauza, pero que también la contiene. La organización otorga a los individuos la posibilidad de prever y de anticiparse. Junto con la cobertura de las necesidades primarias, permite el despliegue de potencialidades individuales que modelan un "proyecto individual de trabajo y de vida" que, en los casos logrados, se integra con el proyecto global.

Por la importancia que tiene el contexto organizacional, para interpretar conductas individuales es menester contextualizar el significado de una conducta en función de un sistema de autoridad vigente, legitimado por una política determinada y formando parte de una estructura dentro de la cual el individuo ocupa un rol. Tener en cuenta tanto los conceptos de "rol" como el de "conducta individual" es fundamental para entender fenómenos que no tienen una sola fuente de determinación.

Por ende, para entender la crisis de los sistemas complejos es preciso recurrir al nivel de análisis individual, al análisis de la conducta como sistema, y al de sus determinantes específicos.

Los individuos son protagonistas fundamentales de los sistemas llamados organizaciones, instituciones, empresas. Ellas existen para satisfacer necesidades sociales y humanas. Las organizaciones funcionan gracias a la intermediación indispensable de los individuos que las constituyen. Los individuos aportan al sistema organizacional, y a la comprensión de los procesos en los que se involucran, su *subjetividad*. Para entender aspectos centrales de la problemática de la crisis, se necesita recurrir a esquemas conceptuales que expliquen la subjetividad humana, especialmente en lo que hace a la naturaleza de la ansiedad y la incertidumbre, y a su participación en el derrotero desestructurante de un sistema en crisis. Con esto se busca sostener que la ansiedad, que se expresa en los miedos por los que atraviesan individuos y grupos enteros de personas, es altamente determinante de la trayectoria de una crisis: puede alentarla, así como la esperanza cierta la desalienta. Nuestro desafío, por lo tanto, consiste en incorporar estas nociones que provienen la psicología individual, al tratamiento de las situaciones de crisis. ¿Cómo hacerlo sin caer en las consabidas trasolaciones de los niveles de análisis y cuyos riesgos epistémicos ocasionan errores de diagnóstico en los que se incurre cuando se quieren explicar características organizacionales en función de la naturaleza de las fantasías colectivas, por ejemplo?

La institución no constituye una mera pantalla de proyección de ansiedades. La organización es un objeto social susceptible de diseño que, en tanto continente, afecta profundamente las conductas individuales subjetivas, de las cuales las ansiedades constituyen formas de expresión. Las organizaciones pueden ser "buenos" o "malos" continentes para las conductas individuales. Hay empresas que conforman "buenos ámbitos de trabajo" y cuyas características los individuos pueden describir; y otras que potencian los aspectos más regresivos y paranoides de la personalidad. Las características "requeridas" son aquellas que sostienen y potencian los rasgos colaborativos de la gente, favorecen la confianza y la esperanza (en Elliott Jaques, *La organización requerida, op. cit.*).

Estas son las características que hay que tener en cuenta para planificar el cambio; a ellas nos referiremos más específicamente en el capítulo 9. Pero tener en cuenta tales características ya implica reconocer la importancia de la ansiedad y de la subjetividad para instrumentar estos conocimientos en las estrategias de cambio. La crisis pone de manifiesto el efecto desestructurante que tiene sobre los individuos el cambio brusco del continente social –en este caso, organizativo– y el impacto que ello ejerce en la subjetividad que, a su vez, revierte sobre el medio, es decir sobre el mencionado continente. El objetivo debe ser lograr que los sistemas sociales constituyan –por su naturaleza y características intrínsecas– un mejor continente de las expresiones individuales de los actores sociales que ocupan roles en ellos. El conjunto de roles que conforman la estructura del sistema deberá –en tanto sistema de expectativas– ser oficialmente sancionado, como forma de ordenar las respondibilidades.

En una organización, institución, grupo o comunidad, los cambios en el contexto desactualizan la estructura de roles. Cuando esto ocurre, comienzan las dificultades, motivo de confusión y desorden. Por lo tanto, rediseñar la estructura constituye un objetivo estratégico fundamental para estabilizar tales sistemas en crisis.

Pero hay que aclarar que la estructura no es el único de los aspectos que hacen de la organización un buen "continente" para la canalización constructiva de las conductas individuales. Más adelante se hablará en particular de las políticas y la estrategia que configuran el proyecto, vital para orientar el sistema.

La noción de contexto

Citando a Bateson, es posible afirmar que *"la noción de 'contexto' se liga a otra noción, tampoco del todo definida: la de 'significado'. Desprovisto de contexto, las palabras y las acciones carecen de significado. Esto es válido no únicamente para la comunicación humana a través de las palabras sino para cualquier otra clase de comunicación, de proceso mental, de espíritu, incluso para aquel que le dice a la anémona cómo crecer y a la ameba qué debe hacer a continuación"*.[37]

El contexto constituye aquella parte recortada del ambiente externo que tiene presencia y vigencia para el sistema, en la medida en que lo afecta. Según la unidad de análisis que esté en consideración, el contexto puede ser la organización para el individuo o para un grupo, y el mercado para una empresa económica, por ejemplo. Al contexto se dirige, se orienta –para cumplir con su finalidad o meta– cada uno de los sistemas mencionados. De él extrae lo necesario para su *subsistencia* y a él contribuye, cuando suministra sus productos, realiza su trabajo, brinda sus servicios o resultados. El contexto da orientación y sentido al comportamiento de cada unidad sistémica. Cuando este sentido se pierde o se desdibuja, la conducta se desorienta, y será preciso volver a examinar el contexto.

Kurt Lewin señala que la vida de un individuo, de un grupo o de una organización se desarrolla siempre dentro de un conjunto de normas, reglas, acuerdos que presentan ciertos límites para la conducta de tales unidades. Estos límites determinan lo que es o no posible dentro del sistema mayor. En los estudios, es importante incluir estos factores limitantes. No son, por lo común, sólo de naturaleza

---

37. Bateson, Gregory, *Espíritu y naturaleza*, Buenos Aires: Amorrortu, 1979, p. 14.

psicológica. Entre ellos están, por ejemplo, el clima organizacional, las políticas, las comunicaciones externas, las leyes del país. En síntesis, las condiciones limitantes de la conducta tienen una profunda implicancia en su comprensión.[38]

Todas las definiciones formuladas por diversos autores aluden a la apertura y permeabilidad de los límites del sistema. Se conciben, por ejemplo, el grupo, la organización o una comunidad, como un sistema abierto. La interacción con el medio ambiente –o sea, con el contexto más amplio– hace a la viabilidad de su existencia ontológica y fáctica.

En la mayoría de las definiciones sistémicas sobre organización se destaca *el contexto* como dimensión significativa. Por ejemplo, Katz y Kahn afirman que las *"organizaciones son sistemas abiertos en los que el* input *de energía y la conversión del* output *en el* input *posterior, llevan a transacciones entre la organización y su medio ambiente."*[39]

Son, así, características centrales de los sistemas:

- la apertura al medio ambiente,
- el intercambio de energía para la subsistencia,
- la entropía: tendencia al desgaste,
- los procesos de mantenimiento.

La orientación al contexto y la dimensión temporal de las metas constituyen aspectos particularmente relevantes en las situaciones de crisis.

Cada sistema pide ser concebido y analizado desde su propia lógica, naturaleza y escala fenoménica.

---

38. Lewin, Kurt, "Psychological Ecology", en *Field Theory in Social Science, op. cit.*
39. Katz, A. y Kahn, R.L., *The Social Pshycology of Organizations*, New York: John Wiley and Sons, 1969.

CAPÍTULO 2

EL SIGNIFICADO DE LA CRISIS Y DEL CAMBIO

Hasta ahora se han descrito una variedad amplia de situaciones de crisis y de sistemas o entidades afectados por ella. Para avanzar, es menester en este capítulo precisar el concepto mismo de crisis, su significado, y la noción correspondiente a los procesos involucrados. Eso nos permitirá luego deducir estrategias que ayuden a los sistemas que la padecen a resolver el proceso constructivamente, para salir fortalecidos por la experiencia.

¿Qué es crisis?

La palabra, que viene del griego *krinein* (examinar, decidir), es polisémica. Se la empleó y emplea para caracterizar fenómenos en una diversidad muy amplia de campos. Muchas veces los historiadores la usan en relación con situaciones de transición, y la aplican, por lo general, a períodos que preceden a revoluciones científicas, políticas y económicas. La experiencia de la crisis, aunque nos parezca contemporánea, ha sido descrita hace largo tiempo: "Nos acercamos al estado de crisis y al siglo de las revoluciones...", decía Rousseau en el *Emilio*.[40]

---

40. Citado por Starn, Randolph, en "Metamorfosis de una noción. Los historiadores y la 'crisis'", en *El concepto de crisis*, Buenos Aires: Ediciones Megápolis, 1976, p. 16.

Según Julien Freund, vista desde el ángulo sociológico, *"la crisis es una situación colectiva caracterizada por contradicciones y rupturas, plena de tensiones y desacuerdos, que hacen que los individuos y los grupos vacilen acerca de la línea de conducta que deben adoptar, porque las reglas y las instituciones ordinarias quedan en suspenso o incluso algunas veces están desfasadas con relación a las nuevas posibilidades que ofrecen los intereses y las ideas que surgen del cambio, sin que sea posible sin embargo pronunciarse claramente sobre la justeza y la eficacia de las nuevas vías".*

Asimismo, este autor sostiene que la crisis sobreviene como consecuencia de la aparición de una modificación súbita e inesperada que altera un desarrollo corriente, suscitando un desequilibrio y una incertidumbre.[41] Los conceptos clave que podemos extraer de esta descripción son: "ruptura" de un devenir caracterizado por una regularidad de eventos; "tensiones y desacuerdos" que favorecen confrontaciones; emergencia de "nuevas ideas" que giran alrededor de intereses asociados con los grupos protagónicos; "incertidumbre" generada por los cambios que no han llegado a consolidarse.

Al referirse a las revoluciones científicas, Kuhn observa que la crisis "es un condición previa y necesaria para el nacimiento de nuevas teorías".[42] Y que, de esta manera, da lugar a nuevos períodos, signados por nuevas realidades que representan cambios significativos con respecto a ciertas ideas y lógica vigentes hasta ese momento.

Los médicos griegos se valieron de este concepto en su campo: según el tratado hipocrático acerca de las enfermedades, una crisis es una exacerbación, un debilitamiento, una transmutación en otra dolencia, que representa otra cosa, otro estadio, otro cuadro.

---

41. Freund, Julien, "Observaciones sobre dos categorías de la dinámica polemógena. De la crisis al conflicto", en "El concepto de crisis". *Communications*, N° 25, París, 1976.
42. Kuhn, T.S., *La estructura de las revoluciones científicas*, México: FCE, 1962.

En la secuencia de los hechos –continuamente cambiantes– surgen puntos de bifurcación decisivos que tienen antecedentes y consecuencias. La crisis está caracterizada por un proceso y constituye una etapa de transición, presumiblemente acotada, entre un estado y otro. Proceso y transición aparecen aquí como los conceptos que se destacan.

René Thom establece una diferencia entre crisis y catástrofe. La crisis puede hallarse latente y disimulada. Y no todos los procesos de crisis que responden a cambios acumulativos se transforman en hechos evidentes, visibles y accesibles a la conciencia humana. Un cambio acumulativo puede producir, sin embargo, un vuelco abrupto. En estos casos, la crisis –según el autor– se vuelve *catástrofe* al transformarse en un fenómeno visible, una discontinuidad observable, un hecho patente y político. A menudo la crisis anuncia la catástrofe, a la que precede o provoca.[43]

Una vez desencadenada, la nueva etapa –caracterizada dramáticamente como una catástrofe– plantea la caída de circunstancias y de valores preexistentes asociados con determinados intereses, y ocasiona una pérdida que desata procesos de duelo individuales y colectivos que desestabilizan abruptamente una serie de entidades diversas ligadas entre sí por relaciones de inclusión.

A pesar de que el concepto ha sido empleado preponderantemente para referir a procesos que afectan a sistemas sociales globales, el término crisis también puede ser utilizado en el campo de la percepción y de la conducta humana. En efecto, en el continuo de una transformación asociada con la percepción de figuras que sufren pequeños cambios paulatinos en una misma dirección, puede advertirse un punto de inflexión donde un cambio cuan-

---

43. Tom, René, "Crisis y catástrofe", en "El concepto de crisis", *Communications*, N° 25, 1976.

titativo en el plano real de las variables percibidas hace que una figura se transmute en una cosa distinta. El siguiente cuadro de Escher ilustra este proceso de transformación ligado con pequeños cambios incrementales. La línea central señala el punto de inflexión y el pasaje a una realidad distinta.[44]

Se verifica así el hecho de que pequeños cambios perceptivos, acumulativos dentro de un proceso, devienen –en

---

44. Se trata de la xilografía denominada "Aire y agua" (1938). Extraída de Escher, M.C., *Estampas y dibujos*, New York: Taschen, 1994. Corresponde a una serie (de la cual es la obra número 13) que se ocupa de la relación entre figura y fondo. El comentario al comienzo de esta serie señala: "Nuestros ojos están hechos para fijarnos en un objeto determinado. Cuando esto ocurre, el resto del campo visual se convierte en un mero fondo" (*op. cit.*, p. 8).

En el comentario a la obra expuesta, el editor agrega: "En la línea horizontal del centro, pájaros y peces son seres de la misma condición. Pero al volar lo asociamos con el aire, de tal manera que los cuatro peces blancos que circundan al pájaro negro constituyen el aire, por el que aquél vuela. Al nadar lo asociamos con el agua, de tal manera que los cuatro pájaros oscuros que rodean al pez blanco son el agua por la que este nada" (*op. cit.*, p. 9).

un punto de clivaje– en un cambio cualitativo que representa una realidad drásticamente distinta. En todo este proceso, el juego entre fondo y figura muestra una interacción significativa. El fondo constituye el contexto de la figura, y esta se comprende sólo a partir del contraste con aquel. Tenemos entonces que en un proceso de transformación progresiva, hay un punto en el que más cambio representa el pasaje a otra cosa, a otra realidad. Esta situación es asimilable a la que acontece en un sistema social que se transforma y cambia abruptamente a partir de pequeñas modificaciones continuas. Un conjunto de variables vinculadas con su contexto lo impactan ininterrumpidamente durante cierto lapso, hasta producir una nueva realidad, "drásticamente distinta". Las vicisitudes del contexto acompañan las transformaciones de la figura. El hecho de que este fenómeno del cambio abrupto en una realidad distinta afecte también a otras entidades y sistemas sociales muestra el componente estructural universal del fenómeno.

Zeeman utiliza esta idea de proceso cambiante para referirse a la teoría de la catástrofe, que ilustra con ejemplos en una variedad de campos que señalan su universalidad. El autor demuestra que las figuras percibidas secuencialmente se transmutan unas en otras, y que hay un punto medio en el que se produce un quiebre, por el cual se opera una transformación en otra cosa. Señala la existencia, en nuestras percepciones, de cierta estabilidad condicionada por la pregnancia que supone enfocar un elemento por vez, de modo que lo percibido secuencialmente condiciona la percepción.

Cuando los cambios sucesivos adquieren cierta dimensión crítica, se convierten en transformaciones drásticas que representan un cambio de fase. Se produce la catástrofe del cambio de fase. Estos cambios repentinos podrían perfectamente ocurrir sin que se presentasen causas repentinas externas. La hipótesis implica que la existencia de estos "saltos" –abruptos, sorpresivos, e imprevisibles en su dramaticidad– a otro estado de cosas en el sistema no provienen necesariamente de una invasión externa o de un cambio externo, sino que responden, a su vez, a un salto en distintas variables internas que se conjugan con aquellas de una forma particular. En esta conceptualización de la crisis se da particular importancia a la "pregnancia" del sistema o adherencia a los estados previos que "resisten" la aceptación de las nuevas realidades. Piaget plantea esto mismo –utilizando otra forma de decirlo–, cuando se refiere al proceso de aprendizaje, en el cual, señala, se presenta un interjuego entre "asimilación" y "acomodación", mecanismos que considera funcionales para la consolidación de un aprendizaje nuevo. Sólo se pueden aprender o reconocer las nuevas realidades, asimilar los cambios, si se los puede referir a esquemas internalizados previos relativamente estables. Y Peter Marris liga esta tendencia natural del modo de aprehender la realidad a la existencia de un conservadurismo innato, universal y necesario para acomodarse a lo nuevo. Asimismo, la vincula con el impulso o compulsión a la repetición descrito por Sigmund Freud, y con la tan mentada resistencia al cambio que constituye un concepto muchas veces ilustrado en psicología social.[45] Con este fenómeno se enfrentan los líderes y conductores que aspiran a introducir modificaciones substanciales en los sistemas que lideran o conducen. Saber vérselas con tal "resistencia" constituye, por ende, una competencia que todo "agente de cambio" debe saber administrar.

Estos ejemplos y teorizaciones –al igual que el planteo propuesto por Khun– ligan la crisis con fenómenos de transición y de cambio, que involucran un proceso de transfor-

---

45. Marris, Peter, *Loss and Change*, London: Routledge & Kegan Paul, 1974.

mación de una unidad de sentido a un nuevo estadio o etapa que representa la modificación drástica del sentido originario. Estas mismas nociones son aplicables a una organización empresaria en crisis. No todas las entidades particulares son afectadas por igual por la crisis proveniente del contexto. El impacto específico depende de ciertas condiciones internas del sistema que hacen a su fortaleza y a la posibilidad de trascender un impacto significativo contemporáneo de variables del "mercado" o del medio ambiente, continuamente cambiantes, que, pasado un cierto umbral de "clivaje" o punto crítico, crean nuevas realidades. Cuando ciertas variables que corresponden a la realidad externa cambian en forma continua y sistemática –por ejemplo, los índices de desocupación–, o cuando se produce un cambio abrupto en las variables externas –por ejemplo, un hecho crítico como "el corralito"–, el sistema se convierte en "otra cosa" y esta nueva condición representa un punto de no retorno que puede determinar un colapso y una transmutación, una nueva realidad, tanto en una organización en particular como en una comunidad global.

Siempre que una fuerza continuamente cambiante conduzca a un efecto de cambio abrupto el fenómeno puede describirse como una *catástrofe virtual*.

La teoría de la catástrofe constituye un recurso para explicar cómo surgen las discontinuidades a partir de factores causales, permanentemente cambiantes, provenientes de una combinación de fuentes que actúan en forma simultánea (ver figuras en la página siguiente).

En la figura del conjunto de caras, si se toma la fila superior y se inicia el recorrido desde la izquierda, la cuarta imagen tiene la misma probabilidad de percibirse como la cara de un hombre que como la vista de una mujer sentada sobre sus piernas. La figura se muestra en una secuencia, en la que la percepción de la figura del medio depende de la dirección en que se ve la secuencia: hay más posibilidades de

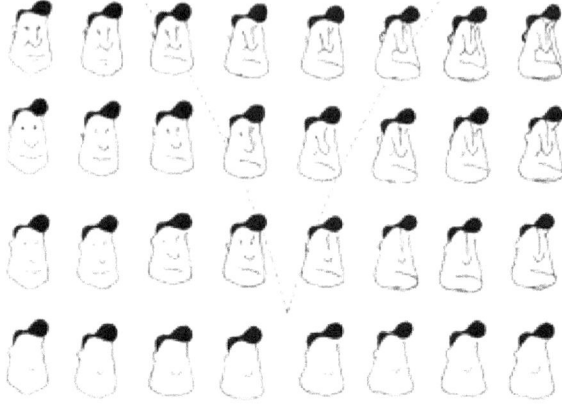

que se vea como la cara de un hombre si se comienza a mirar desde la izquierda; o como un cuerpo de mujer si se comienza desde la derecha.

Pero la figura sugiere que hay un *pico de catástrofe* que aparece en la medida en que se introducen factores nuevos, consistentes en el agregado de detalles. Viéndola como totalidad multidimensional, se bosqueja un conjunto que representa un pico de bifurcación.

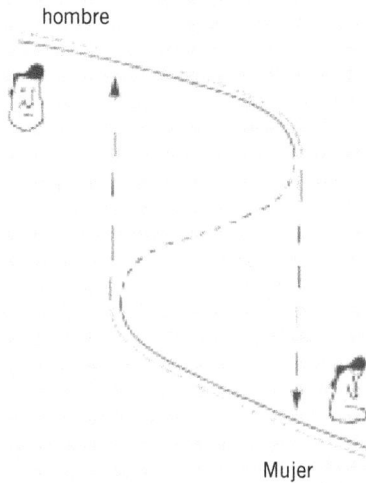

hombre

Mujer

También en nuestras sociedades, organizaciones y empresas se presentan *fluctuaciones abruptas (catástrofes virtuales)* frente a los grandes cambios sociales.[46]

Los estudios sobre la emergencia abrupta de revueltas en la prisión de Gartree (Inglaterra), realizados por Zeeman y colaboradores, señalan –luego de un análisis factorial estadístico previo– la existencia de dos tipos de factores que influyen en la emergencia repentina de un desorden generalizado: (1) la tensión, definida como frustración y estrés, y (2) la alienación, definida como división, falta de comunicación y polarización. El incremento de la tensión tiende a aumentar el desorden, mientras que el incremento de la alienación conduce a una ruptura abrupta y violenta que se transforma en revuelta. Esto supone un pico catastrófico cuyo factor normal es la tensión, y cuyo factor disociativo es la alienación. Existe, dentro del sistema, un flujo de retroalimentación que precipita la catástrofe.[47]

En el caso de empresas en crisis, confluyen en la determinación de situaciones caóticas una quiebra repentina de distintos conjuntos de variables organizacionales, con la de otras variables de naturaleza individual. Los acontecimientos, impactando en una situación alienante, producen un punto de bifurcación que desemboca a veces en situaciones límite; pero frente a las mismas realidades, las respuestas pueden ser distintas. Las variables individuales en el caso de las empresas –entre ellas, la confianza y la esperanza como factores motivacionales alentadores, o, en su defecto, la ansiedad o el pánico que una realidad cambiante promueve–, inciden en el control o en el descontrol que retroalimentan el caos o la reconstrucción. Y la gobernabilidad de una or-

---

46. Postom, T. y Stewart, I., "Catastrophe Theory and its applications", *The Problems of Social Moddeling*, London: Pitman, 1978, p. 419.
47. Zeeman, E.C.; May, C., Harrison; P.J., Marriage, H. y Shapland, P.A., "A model for institutional disturbances", *Br. J. Math. Satist. Psych*, 29, 66-80, 1976.

ganización determinada está –en esto– muy condicionada. Por ello, el manejo de la incertidumbre generada por el cambio –que, a su vez, desata la ansiedad– se transforma nuevamente en una "competencia" fundamental que los líderes contenedores saben aplicar.

En las catástrofes producidas por accidentes naturales –como la del tsumami en Indonesia–, las variables intervinientes que confluyen son de naturaleza aparentemente fortuita. Dichas catástrofes poseen, sin embargo, desde el punto de vista del proceso que se desencadena a partir del episodio, mecanismos de resolución y de elaboración similares a los de otras crisis ya descritas. En todas ellas, el componente subjetivo vinculado con el pánico colectivo propio de la liberación masiva de la ansiedad tiene un desarrollo similar. En todas ellas, el impacto inicial es altamente desorganizante, caótico y paroxístico, y da lugar a una serie de etapas que revelan la intención de elaboración –de asimilación paulatina– del impacto traumático.

Según lo que venimos señalando, podemos decir que este tipo de crisis adquiere un carácter más dramático por la imprevisibilidad y por el factor sorpresa que las caracteriza, que no dan tiempo a prepararse para enfrentar el suceso.

La noción de crisis está, entonces, ligada a las alteraciones y rupturas que pueden producir los cambios.

Käes aporta su propia visión al concepto de crisis. Dice este autor que el hombre, desde que nace, transita situaciones de crisis: la historia individual transcurre entre rupturas y sus resoluciones. El proceso entre ambas es llamado "de transición". La ruptura tiene que ver con el riesgo de desintegración. Se trata de una experiencia subjetiva de ruptura dentro de la continuidad de las cosas, que cuestiona dolorosamente la integridad del sí mismo, la organización de sus identificaciones e ideales, la confiabilidad de sus lazos de pertenencia a grupos, de las relaciones con los otros y con el medio circundante.

Siempre la ruptura significa una pérdida producida o que presenta el riesgo de producirse, y que va acompañada por un sufrimiento y del sentimiento de amenaza para la integridad del sí mismo. En todos los casos, la crisis involucra un componente relacional.[48] Es decir, compromete la relación entre personas, afecta la continuidad de la relación y puede involucrar confrontaciones.

La ruptura supone que se parte de una unión, asumida como una continuidad, y la crisis representa, por ende, la pérdida de una continencia.

Dos elementos fundamentales que tienen que ver con el proceso de la crisis se destacan: la transición y la ruptura, de la que emergen sentidos y significados y la liberación de ansiedades. Lo que queda en el medio es un tiempo de incertidumbre entre dos cortes. La crisis puede encuadrarse en un marco temporal que señala un comienzo, una trayectoria y un final. Y puede ubicarse en un espacio y en un tiempo determinados, que contribuyen a darle su sentido y significado.

Desde el punto de vista sociológico, la crisis constituye una situación colectiva caracterizada también por contradicciones y rupturas, plenas de tensiones y desacuerdos. Los individuos y los grupos vacilan acerca de la línea de conducta que deben adoptar y esto ocurre en la transición del proceso, porque las reglas y las instituciones ordinarias quedan en suspenso. Algunas veces, incluso, están desfasadas en relación con las nuevas ideas e intereses que surgen del cambio. Dada la situación de transición que representa la crisis, no es posible pronunciarse sobre la justeza y la eficacia de las nuevas vías.[49]

---

48. Käes, René, *La Institución y las Instituciones,* Buenos Aires: Paidós, 1989. Del mismo autor, *Le Groupe et le Sujet du groupe,* Paris: Dunod, 1993.
49. Freund, Julien, "Observaciones...", *op. cit.*

Como ha de verse en el capítulo sobre el método (Capítulo 7), Käes propone el "análisis transicional" dentro de un encuadre grupal como forma de ayudar a elaborar el pasaje a partir de una ruptura. Este análisis comprende diversos procesos de elaboración que más adelante se examinan, y contiene la idea de "objeto transicional" de Winicott, en la que se apoya. Dado que la pérdida de una continencia en el plano relacional constituye una experiencia central que hace a la transición, la posibilidad de ofrecer un marco continente relativamente estable dentro del cual las emociones asociadas por la crisis puedan considerarse y conversarse, se transforma en un recurso metodológico fundamental que los buenos líderes contenedores pueden instrumentar.

No todo cambio externo o factor desencadenante, empero, es fuente de crisis en forma inmediata. A veces, la crisis se desarrolla en forma regular y lenta, y los cambios son imperceptibles hasta que se produce un punto de ruptura que se percibe como una nueva situación.

Hay cambios incrementales que no implican una revisión profunda del sistema: se refieren, más bien, a nuevas formas de enfrentar las necesidades con intenciones establecidas.

Existen, por lo demás, cambios de naturaleza puramente interna, que son parte de un proceso de maduración que en un momento determinado se manifiestan en un crecimiento, entendido como un estadio completamente distinto. Las experiencias de crecimiento y desarrollo implican una incorporación gradual que se produce en el marco global de propósitos e intenciones que caracterizan al sistema, y aportan mayor complejidad, riqueza, diversidad, plasticidad y adaptabilidad, pero dentro de un proceso continuo y estable. Estos cambios no necesariamente representan una amenaza para los esquemas preexistentes, ya aprendidos e incorporados.

Los cambios a los que se refiere en adelante este trabajo son los de naturaleza externa, generadores de crisis, que siempre involucran el contexto de acontecimientos en los que se desarrolla un sistema y que determinan en él modificaciones "dramáticas", una vez pasado determinado umbral posible de "asimilación". Esta transposición del umbral representa una "ruptura", pérdidas actuales o futuras, y una crisis de discontinuidad.

Crisis y organización

Las experiencias de discontinuidad que se producen por una invasión masiva de un factor externo desencadenante son profundamente perturbadoras para los organismos vivos, y también para el sistema organizacional. Crean un estado de ruptura que conduce al desequilibrio y la tensión. Alteran el rumbo de la organización porque se produce un corte en la posibilidad de proseguir con los propósitos y los planes habituales. Planes y proyectos se integran en esquemas de significado y de sentido que involucran un derrotero de acción. Se dirigen hacia adelante, hacia afuera, hacia el futuro. Los propósitos orientados a metas pugnan por realizarse. Los cambios abruptos afectan la integridad y la orientación de los sistemas. Interrumpen una trayectoria, la bloquean, la discontinúan. Representan una invitación a buscar una reorientación posible.

De los autores que se refieren a la crisis, Edgar Morin es el que más directamente la relaciona con los sistemas sociales organizacionales. Al examinar la noción de crisis, Morin sugiere que *"es necesario realizar un planteo que conciba a la sociedad —y en nuestro caso, también a una organización determinada— como un sistema capaz de tenerlas"*.[50]

---

50. Morin, Edgar, "Para una crisiología", Centre National de la Recherche Scientifique. Publicado en *El concepto de crisis*, Ediciones Megalópolis, 1976, pp. 278 y ss. Traducción de *Communications* N° 25.

Para ello –y para poder abarcar los distintos niveles de análisis en los que puede estudiarse una crisis, incluyendo el nivel biológico, el de la conducta individual, los grupos, las organizaciones y, en particular, los desarrollos sociohistóricos–, Morin propone un constructo teórico que contempla tres órdenes de principios:

1. Sistémico
2. Cibernético
3. Neguentrópico

Sin ellos no es posible, en su opinión, construir una teoría de la sociedad ni de las crisis; como tampoco implementar una metodología que ayude a transitar estas situaciones.

Hacia una teoría y práctica de la crisis

Para el autor, es posible desarrollar un marco conceptual y metodológico –basado en investigaciones realizadas en un campo interdisciplinario de las ciencias sociales– al que llama *crisiología*. Consideramos que la crisiología[51] encierra una estrategia y una metodología, aspecto fundamental para implementar un cambio organizacional complejo que responda a los nuevos desafíos que las turbulencias del contexto imponen. Esta metodología y estrategia para el cambio comprometen no sólo un conjunto de competencias que los agentes del cambio necesitan dominar, sino que involucran habilidades y destrezas que caracterizan a los buenos líderes gerenciales capaces de transitar situaciones de tensión e incertidumbre, manejando las contradicciones y conflictos que en ellas se presentan. Para esto es necesario

---

51. Morin, Edgar, "Para una crisiología", *op. cit.*

tener en cuenta las variadas situaciones que se le plantean a un sistema que atraviesa una crisis.

Según Morin, cuando un sistema social organizacional o megaentrópico entra en crisis, muestra las siguientes condiciones y características:

1. Se presenta una perturbación asociada con un hecho exterior disruptivo, que desencadena la crisis. El evento externo tiene un carácter acumulativo y actúa como una sobrecarga que produce una ruptura. Esto ocurre cuando se supera cierto umbral. El cambio de las condiciones externas, que compromete las reglas del juego que regulaban la relación del sistema menor con su contexto, hace que este no pueda responder de acuerdo con la lógica y normas de funcionamiento propias de la "normalidad" anterior. Hay una contradicción paradojal entre contextos incluyentes. Morin los llama "fenómenos de *double bind*". El sistema menor enfrenta un problema que no puede resolver con las reglas de funcionamiento de su existencia corriente. Tiene lugar una disfunción donde había integración, y ruptura donde había continuidad. Se impone el conflicto y la falta de complementariedad (en el Capítulo 3 volveremos sobre esta relación fundamental entre sistemas incluyentes, causante de desórdenes disociativos provenientes de la exposición a situaciones paradójicas).

2. Desorden e incertidumbre. En las crisis, se produce una regresión de los determinismos y una progresión de los desórdenes internos, que, por otra parte, son constitutivos de todo sistema, y que incrementan la incertidumbre junto con la regresión de la previsión. La posibilidad de planificar y la capacidad de realizar predicciones confiables se ven

limitadas. La incertidumbre está favorecida por el riesgo de fracaso involucrado, que equivale al colapso de la entidad. La incertidumbre se acompaña de una liberación significativa de ansiedad. La contención de la ansiedad generada por la incertidumbre se logra cuando se aclara el nuevo marco de la conducta, que coincide con la redefinición de los límites de la organización: nuevas políticas, estrategias, planes, estructura, etc. Como lo señalamos anteriormente, la facultad para tolerar la incertidumbre y ofrecer una relación de contención constituye, a su vez, una condición del buen liderazgo gerencial.

3. Bloqueo de los dispositivos de reorganización permanente. Se trata de desarreglos vinculados con la pérdida de regulación de la retroacción negativa automática (*feedback* negativo). La irrupción de desórdenes va asociada con la parálisis y la rigidización –pérdida de flexibilidad– del sistema. De aquí se deduce que la flexibilidad constituye una condición adaptativa que poseen las organizaciones que logran sortear la crisis, aquellas que "aprenden de la experiencia". La posibilidad anterior se incrementa cuando se instauran mecanismos de lectura sistemática del ambiente y de los signos que en él se van desplegando a fin de ir corrigiendo aquellos aspectos internos que resultan disfuncionales para el contexto.

4. Desarrollo del *feedback* positivo. La crisis pone en juego mecanismos que agravan las perturbaciones. Cuando ocurre el fenómeno de crecimiento desmesurado, por ejemplo, en ciertas organizaciones las fluctuaciones, en lugar de corregir acentúan la desintegración en cadena *(run away)* y el desborde del sistema. Se plantean entonces situa-

ciones de descontrol, propias del cambio de escala, ya sea porque el sistema no logró implementar –por ejemplo– una estructura adecuada, o porque las destrezas del liderazgo no resultan continentes para enfrentar las nuevas situaciones o realidades.

La conducción y el liderazgo gerencial cambian cualitativamente con el tamaño de la organización. Una empresa familiar que trasciende cierta dimensión organizacional no puede ser ya manejada como un gran grupo de relaciones muy personalizadas. La presencia directa del o de los fundadores no constituye en este caso el estilo de conducción que se necesita. En ciertas circunstancias, el crecimiento requiere transformaciones más substanciales que implican, por ejemplo, la introducción de niveles gerenciales profesionales y la creación de nuevos estratos organizacionales. Estos cambios suelen ser resistidos y ocasionan la falta de contención del sistema, que no resulta suficientemente complejo como para enfrentar las nuevas realidades.

5. Transformación de complementariedades y antagonismos. En las relaciones entre individuos, grupos, clases, estamentos o sectores, los antagonismos virtuales tienden a hacerse manifiestos, mientras que las complementariedades manifiestas tienden a virtualizarse. La emergencia de confrontaciones, de falta de colaboración entre grupos institucionalizados, acentúa los fenómenos de crisis y resiente la consolidación de una estrategia global de gerenciamiento, que debería comprometer una concepción firme y sostenida de trabajo en equipo, y la constitución de grupos de trabajo conformados por los distintos sectores de la organización. Cada uno

de los sectores que integran un grupo de trabajo debe ser consciente de la necesidad de recuperar la complementariedad. Las nuevas realidades del mercado hacen necesario, así, que se flexibilice la concepción rígida de funciones y departamentos estancos, y que se opte por "soluciones flexibles" para dar respuesta a las renovadas y cambiantes necesidades de los clientes y de las tecnologías vigentes. Las nuevas demandas exigen la realización de un trabajo que ha de ser resuelto por un conjunto de especialistas que brindan un aporte complementario al nuevo enfoque total necesario.

6. Crecimiento de caracteres polémicos. En la organización, se desencadenan o reavivan antagonismos latentes, acrecentándose el conflicto o haciéndose dominante hasta derivar –a veces– en sucesos más o menos violentos. La crisis se torna un conflicto polémico. Aquí, lo que se destaca es el enfrentamiento hostil que puede acentuarse o multiplicarse. La habilidad para negociar en situaciones de conflicto se transforma de este modo en una nueva competencia requerida. También pueden instalarse mecanismos *ad hoc,* especialmente diseñados para tratar los temas sucesivos que se suscitan. Estos pueden, por ejemplo, involucrar la creación de un sistema de representación que permita elaborar soluciones confiables.

7. Multiplicación de los *double bind.* En relación con la emergencia de los desórdenes y de los antagonismos que cabe esperar que se produzcan, suelen circular y pueden multiplicarse los mensajes contradictorios llamados *a doble vía,* o *double bind,* o *dobles mensajes.* Se presenta la propensión a la circulación de rumores o información "vía pasillo" oficiosa, y que refleja los estados de opinión que prevalecen en los

contenidos que se transmiten. La circulación de información divulga estados de opinión; es valiosa y hay que tenerla en cuenta dado que intenta anticipar aspectos vinculados con el devenir de los acontecimientos, así como cubrir baches de información y aportar certezas a la incertidumbre imperante. A veces esta información crea nuevos problemas y genera ansiedades que escapan de los canales "oficiales". Hay lógicas superpuestas y contradictorias en la circulación de los mensajes, así como nuevas premisas vinculadas con diversas legalidades internas cambiantes. Una conducta, acertada en un nivel, tal vez resulta desacertada en otro, y se presentan, al mismo tiempo, como contradicciones o paradojas en las relaciones entre los grupos. Esto da lugar a que los mensajes tengan varias lecturas posibles, a veces contradictorias, lo que da lugar a confusiones y perplejidades. El tema de las comunicaciones y la necesidad de implementar un sistema confiable que permita divulgar información fidedigna que transmita al mismo tiempo una versión oficial no expuesta a las distorsiones de la transmisión "vía pasillo" es crucial durante la crisis. Las preocupaciones giran alrededor de la necesidad de los actores sociales de anticipar las "intenciones" de otros protagonistas, en especial de las figuras de autoridad que tienen la alternativa de imprimir uno u otro rumbo al acontecer del sistema social. En las situaciones de crisis, para lograr "contener" estas expectativas conflictivas, ciertos conductores han implementado mecanismos de comunicación directa que permiten transmitir con diafanidad intencional a una audiencia amplia los cambios que se planean. Esto suele constituir un recurso que modera las contradicciones.

8. Desarrollo de actividades de investigación. Cuando la crisis se extiende o se profundiza, comienzan a intentarse actividades de investigación que permiten revisar cada una de las soluciones que se van insinuando: son un modo de encarar los cambios que pueden representar una reforma del sistema o incluso implicar su modificación profunda. Hay que tener en cuenta que la crisis, al ser sorpresiva, constituye una situación inusual, nueva, para la cual no se han elaborado pautas de acción o de resolución: frente a ella, no hay experiencia previa. Los nuevos problemas que se enfrentan se erigen en "operas primas" que no conforman las únicas soluciones posibles. La búsqueda de soluciones constituye, de este modo, una actividad creativa. Entramos así en una etapa más constructiva de la crisis. Las actividades orientadas de esta manera comprenden la revisión de los límites −o su formulación, si no existían−: se dirigen a la búsqueda de alternativas a través del planteo de escenarios optativos, y las soluciones generalmente suponen el rediseño de la estructura vigente. Tales actividades requieren un diagnóstico previo. Se necesita incorporar un conocimiento que no se tiene, o revisar el cuestionamiento de un orden establecido.

9. Soluciones mágicas, míticas o rituales. La búsqueda de soluciones puede asumir ribetes poco realistas: al lado de los procesos intelectuales, racionales y lógicos, se despliegan fantasías, mitos, mecanismos mágicos de resolución, o de tipo ritual. Esto puede advertirse, por ejemplo, en la búsqueda de chivos emisarios, de culpables, a los que se trata de circunscribir o aislar. El marcado malestar ocasiona muchas veces fantasías apocalípticas que se desarrollan junto con el sentimiento de amenaza. Puede emerger un

mesianismo salvacionista que suele ser parte substancial de los procesos sociohistóricos y humanos en general. Estas tendencias mesiánicas han acompañado, según N. Khon, las crisis del milenio, dando lugar a movimientos redentores tendientes al restablecimiento del orden y la justicia.

10. La dialectización de los componentes. El concepto de crisis involucra, como ya señalamos, la idea de un proceso y una transición que llevan implícito el juego –según Morin– de fuerzas de vida y fuerzas destructivas, y todo ello se combina en un resultado aleatorio, desordenado, que –en muchos casos– deriva en soluciones creativas e innovadoras. Estas contradicciones internas que se le presentan al sistema son asimilables a las "tendencias entrópicas" que abonan el desgaste y la degradación, tendencias que son compensadas por una actividad extra de mantenimiento y almacenamiento de energía que prevé este desgaste. Es importante destacar el componente creativo e innovador que emerge en las etapas posteriores del proceso, aleatorias e inimaginables en los momentos previos, de incertidumbre y caos.

Crisis y transformación

La acción en los tiempos normales, donde predominan los determinismos y regularidades, requiere una previsión planificada. Pero en esta nueva situación, en la que predominan el azar y la incertidumbre, la acción tiene un carácter distinto: solicita golpes de audacia e inventivas estratégicas, y una capacidad lúdica basada en la creatividad. El cambio paradigmático que se instaura como parte de un proceso involucra soluciones creativas, sorpresivas, de naturaleza espontánea, no previstas en las etapas previas.

Cambio - progresión - regresión

Como se dijo, durante la crisis el sistema manifiesta una doble tendencia provocada por la existencia de fuerzas de desintegración y de regeneración, según sean de muerte o de vida.

Los procesos constructivos tienen que ver con algunos mecanismos ya mencionados, de progresión, investigación, estrategia –de naturaleza creativa–. Los regresivos, en cambio, se vinculan con la invención, el mito, la magia y el rito. Todos ellos tienden a potenciar la desestabilización, la disgregación y una mayor vulnerabilidad. Se plantea aquí el doble rostro de la crisis –riesgo y oportunidad– con el que popularmente se la caracteriza. Durante el momento regresivo, el sistema pierde complejidad y flexibilidad. Se consolidan las estructuras más rígidas, se pierden libertades. Durante el momento progresivo, se impone la flexibilidad y la búsqueda original de soluciones.

Crisis y evolución

Si bien el proceso regresivo de la crisis puede precisarse en una tendencia que se manifiesta en la cristalización del *statu quo*, por su naturaleza posee un carácter evolutivo. Constituye un laboratorio en el que la lucha de contradicciones planteada por las fuerzas progresivas y regresivas llevan a una evolución que va ocurriendo en forma errática, aunque no pueda apreciarse o vislumbrarse en los momentos más dramáticos del desencadenante externo. Y a pesar de que la complejidad que va lográndose está acompañada de inestabilidades y desórdenes, se proyecta a través de una tendencia intrínseca que brega por la resolución, que da lugar a transformaciones en el sistema.

Es de destacar la idea dinámica y de proceso de transición que surge de la mayoría de las descripciones previas, tanto como la incertidumbre que cunde en el sistema entre ruptura y restablecimiento del equilibrio o resolución. El proceso de transición que la crisis representa se está constituyendo como una forma cada vez más habitual de estar en el mundo.

En efecto: discontinuidad, ruptura, incertidumbre y amenaza son conceptos que se repiten, y que parten de las vivencias cotidianas que se experimentan. Estos conceptos aluden, por una parte, a aspectos estructurales de los sistemas, pero, por la otra, a aspectos subjetivos que comprometen la conducta de los protagonistas. El componente de acción y de transformación del sistema involucra en forma clara a los actores sociales comprometidos en el proceso, y resuelve problemas de transición, que son una forma de referirse al cambio continuo y desordenado.

Tanto la tendencia regresiva, desintegradora, de la crisis, como la prospectiva, que tiende a la renovación y al cambio, se describen como parte de un proceso aleatorio signado por la incertidumbre. El proceso, teóricamente, remite a una ruptura y a una recuperación que involucran una dimensión temporal, y que se ubican en un espacio determinado y en un contexto histórico.

La crisis, al poner de relieve fisuras fundamentales del sistema, deriva en una búsqueda de responsables a los que se les exige "rendir cuentas". Adquiere así la forma de una confrontación conflictiva entre grupos representativos de los distintos actores afectados por ella. Las confrontaciones pueden desestabilizar el sistema.

Observamos, en el centro de la problemática que desata la crisis, el rol que –en el devenir del conflicto– ocupa la figura de autoridad. Se aprecian lazos vinculares impregnados de subjetividad, que mantienen en una situación interactiva compleja a los diversos conjuntos de actores sociales involucrados. La credibilidad y la confianza entre las partes, profundamente afectadas, está en juego, y alimenta el presagio de nuevas y costosas rupturas. Para que la gobernabilidad del sistema se mantenga, se hace necesario seguir interactuando y negociando.

Los actores sociales comprometidos en una interacción signada por conflictos, por movimientos hacia la confluencia y la complementación, o hacia la confrontación, la dispersión y el caos, operan sorteando la incertidumbre en un contexto en el que es difícil desarrollar certezas y elaborar predicciones confiables acerca de lo que va a ocurrir o acerca de cómo van a terminar las cosas.

Siempre, para realizar una adaptación proactiva no alienada ni alienante, inevitablemente se precisa realizar predicciones confiables sobre los sucesos que se espera que ocurran. Esta predicción es previa a la planificación. Forma parte de la visión del futuro, que, inevitablemente, es subjetiva.

A fin de pensar en un contexto de incertidumbre, se requiere una mínima contención que –en principio– la ruptura de los límites cuestiona.

La contención permite la reflexión que aporta el elemento de investigación que requiere la resolución de los problemas. Las acciones confiables basadas en predicciones valederas están a cargo de personas. Morin destaca que cuando la crisis se agudiza, quien resuelve el problema es una sola persona o un grupo pequeño que, de esta manera, asume un liderazgo. La crisis pone de manifiesto fallas en la ausencia de un liderazgo con proyecto y con visión de futuro.

La amenaza y la desesperanza entorpecen el proceso y estimulan las tendencias regresivas de la crisis. Todo ello afecta la gobernabilidad del sistema. La descripción estructural de sus componentes se complementa con las descripciones relativas a la conducta y a sus manifestaciones subjetivas. Hay un componente implícito de acción que requiere, asimismo, tener claro cuál es el norte y la capacidad de tolerar la incertidumbre que integra el proceso. Esta condición suele ser un atributo de los conductores, líderes o gerentes proactivos. Su talento radica en su capacidad de mirar con suficiente distancia el sistema y extender su visión hasta abarcar los distintos subsistemas incluyentes involucrados en el problema y que las paradojas impiden advertir en lo inmediato.

La condición necesaria para resolver las contradicciones entre contexto y metacontexto emana de la perspectiva más amplia que los abarca a ambos y permite, de esta forma, ver y resolver la paradoja. Parece importante destacar esta cuestión, vinculada con el azar, con la suspensión temporaria de la posibilidad de predicción que afecta la planificación, y con los elementos aleatorios implicados, que requieren creatividad para resolver los problemas del sistema. Las soluciones originales son fuentes de innovación, y esto tiene que ver con el talento que sustenta el mirar y vislumbrar.

La creatividad se basa –como observó el fotógrafo Horacio Coppola– en "la posibilidad de comenzar a mirar –del latín *mirare* y del sánscrito *la mare,* que significa distinguir– la capacidad de ver con maravilla y con ansia las cosas sorprendentes de la vida".[52] La frescura que representa la capacidad de asombro, la curiosidad intelectual, el ansia de saber y conocer.

En la misma fuente, Coppola cita a Paul Valery cuando dice: "Mirar como aún nunca vistas, todas las cosas del mundo". Visión desprejuiciada, de aliento largo, la mirada que busca el horizonte.

Tales componentes, necesarios para resolver los problemas que plantea la crisis, constituyen aportes que suelen ser ofrecidos por los individuos llamados líderes o gerentes (cuando son buenos), y que forman parte de condiciones que es muy provechoso detectar, aprovechar y desarrollar en ellos.

---

52. Coppola, Horacio, *Imagema. Antología fotográfica 1927-1994,* Buenos Aires: Fondo Nacional de las Artes - Edic. La Llanura, 1994.

CAPÍTULO 3

CONTEXTOS INCLUYENTES COMPROMETIDOS EN LA CRISIS

Este capítulo busca explicitar una hipótesis que atraviesa la exposición que estamos desarrollando, y que se refiere a la interacción entre sistemas incluyentes e incluidos en una situación. Los cambios repentinos y abruptos que parten del ambiente promueven una adaptación creativa que da lugar a un proceso de aprendizaje.

Suelen utilizarse un conjunto de denominaciones para designar una serie de contextos mayores y menores, propios de los distintos sistemas que aquí tratamos. Es común aludir a ellos cuando se intenta una descripción o explicación de un acontecimiento que afecta a una empresa, una escuela, un grupo o –sencillamente– a las personas que habitan el país. Esta hipótesis va a permitirnos deducir un enfoque práctico, pertinente para abordar los procesos de los que aquí se viene hablando. Del desarrollo que sigue, se han de rescatar conclusiones acerca de las metodologías para manejar situaciones de crisis.

En una canción infantil[53] se mantiene el siguiente diálogo:

–¿Quién es ese niño?
–Ese es mi vecino.
–¿Dónde vive él?
–Él vive en una casa,
la casa está en la calle.
–¿Dónde está la calle?
–Está en la ciudad,
está al lado de un río.
–¿Dónde está ese río?
–Está en la Argentina.
–¿Dónde está la Argentina?
–Está en América del Sur,
el continente americano,
cerca del océano,
de las tierras más distantes de todo el planeta.
–¿Y cómo es el planeta?
–El planeta es una bola,
una bola por crecer.
–¡Oi, oi, oi, mirá aquella bola!

En efecto, la letra alude a una serie de contextos incluyentes. La serie es válida también si queremos aplicarla para averiguar la identidad de un evento en una organización o empresa.

A su vez, una serie similar es la que podemos inferir del grabado japonés que se observa en la página siguiente, y que presenta dos embarcaciones que atraviesan una tumultuosa corriente marina. La imagen ofrece una metáfora visual de la hipótesis que queremos desarrollar.

---

53. La canción original es de Paulo Tatit y Edith Derdyk, escrita en portugués y adaptada para el CD *Del jardín de la esquina,. Piojos y Piojitos 2,* editado por Página/12, año 2003.

Las canoas navegan en un mar tormentoso que las desestabiliza. Bajo la amenaza de olas gigantescas, las embarcaciones bregan por recuperar la estabilidad perdida y encontrar el norte que las conduzca a buen puerto.

Ante la adversidad, cada una lucha por su propia adaptación, buscando sobrevivir y lograr seguir viaje, lo que supone recuperar la gobernabilidad de cada uno de estos sistemas.

Las unidades parecen minúsculas frente a la turbulencia desatada. Dentro de cada canoa (unidad) los equipos tienen que apelar a una máxima cohesión e integración.

Se encuentran en la metáfora todos los elementos que caracterizan a una organización o empresa en circunstancias de atravesar una crisis originada en un período de cambios y alteraciones repentinos que afectan al mercado o al país.

Tanto las canoas como las organizaciones, o una comunidad, realizan un trabajo concreto, para el cual se valen de una tecnología específica. El conjunto de individuos conforma equipos y está orientado por la figura de un líder o timonel. Sin permitirnos realizar un análisis interno de los roles que se dan en la canoa, el dibujo parece mostrar que en este caso se trata de grupos "autogestivos", y que la coordinación entre ellos se da horizontalmente mediante un sistema no jerárquico. En buena parte de las organizaciones de gran tamaño o en las formalizadas –y también en el caso de las escuelas–, suele haber una figura central asimilable a la del timonel, secundada por un equipo de conducción. Las formas de conducir un sistema y la distribución de la autoridad y el poder –como podemos advertir– son variadas. Debemos tener en cuenta estas diferencias porque de ellas se deducen estrategias de "gobierno" distintas. Sin embargo, podemos decir que todos los sistemas que realizan un trabajo o poseen una actividad determinada están guiados en su trayectoria por proyectos que les dan orientación, un rumbo, una meta por alcanzar. La organización como sistema –la canoa de la imagen– conforma el contexto de los individuos que reman. Provee el encuadre que los protege del entorno. Además, cada individuo es un sistema en sí mismo, y entre todos conforman un grupo y, a su vez, un conjunto de grupos en interacción.

La crisis que atraviesan refleja rupturas y transiciones generadas por desencadenantes externos. Los cambios que afectan el contexto demuestran ser muy veloces y se suceden ininterrumpidamente en una vorágine paroxística que retroalimenta tendencias desestructurantes de los sistemas menores.

En esta y otras realidades, el impacto externo representa, inicialmente, un *shock* determinante de una tensión que invita a rechazar los cambios. Sin embargo, el sistema no puede dejar de considerarlos y se ve obligado a adaptarse a ellos. No se trata necesariamente de una adaptación alienante y mecánica, sino de un proceso de diálogo e interacción con el ambiente que originó los hechos que necesariamente invitan a redefinir el rumbo, la orientación que ha de tomarse. Cuando el proceso se completa satisfactoriamente redunda en una adaptación creativa producto del aprendizaje.

En síntesis, para comprender acabadamente un acontecimiento que transcurre en un momento, espacio y tiempo determinados, o averiguar la identidad de un micro o macrosistema concreto, hay que mirar y considerar una serie amplia de contextos incluyentes que agregan significación, sentido e identidad a los acontecimientos o a los protagonistas.

Existe entre ellos una interrelación dinámica –no lineal– a la que Bateson alude al hablar de las "relaciones entre contexto y metacontexto". Estas relaciones, como hemos de verlo, siguen ciertas reglas que afectan la adaptación y el aprendizaje de las nuevas realidades a partir de una situación de crisis.

El ejemplo señala los problemas de gobernabilidad y conducción que ocasiona un contexto turbulento, al desactualizar las relaciones de un conjunto de sistemas incluyente/incluido que conforman una serie abierta de eslabones interrelacionados.[54]

Es interesante consignar, valorizando la metáfora elegida, que las palabras gobernar y gobierno derivan del término griego *kúbernos*, que se vincula a su vez con la idea de "dirigir, conducir, guiar, gobernar, administrar". Y el *kubernetes* (como el *kúbernos*) es el timonel, el que conduce una embarcación.

En las organizaciones que se guían por criterios profesionales, el rumbo está dado por un "plan estratégico". Pero la idea que queremos transmitir es que el "proyecto" configurado por las intenciones y las metas que le dan la dirección al sistema constituyen un componente irrenunciable de este. Como punto de partida de una actividad tendiente a remontar un proceso de crisis, el proyecto merece toda nuestra atención, en particular en las etapas iniciales.

---

54. "La mirada japonesa", xilografía de Katsushika Hokusai (1760-1849). Extraída de www.temakel.com/pinthokusai.htm

Enfrentar las turbulencias del contexto inevitablemente requiere revisar el proyecto. A veces los planes o proyectos no son explícitos o conscientes. A veces existen varios, no totalmente formulados, que son contradictorios, más o menos claros. La crisis desactualiza el proyecto e invita a una lectura adecuada de los nuevos signos que pueblan el ambiente. El rumbo que finalmente adopta una organización que aspira a salir de la crisis constituye un "emergente", que surge de una síntesis dinámica de lo que –en forma espontánea o planeada– va ocurriendo. En el mejor de los casos, este proceso conlleva el ejercicio de influencias recíprocas que determinan soluciones complejas e integradoras: de resultar estas exitosas, redundarán en un crecimiento del sistema.

Este tipo de procesos puede asimilarse a una situación de aprendizaje cuyo éxito consistirá en obtener soluciones que incluyan a individuos, grupos y organizaciones –tanto en sus vínculos recíprocos como con el entorno– en una acción capaz de provocar modificaciones en cada una de las unidades interactuantes. A un proceso como el descrito, con gran contenido de creatividad, innovación y cambio, cabría denominarlo, apelando nuevamente a Bateson, "de aprendizaje de segundo grado", o "de meta-aprendizaje".

Tenemos así que para redefinir el rumbo de un sistema complejo se necesita volver a mirar el plan o proyecto, que suele desactualizarse, y ello involucra un proceso de aprendizaje. Este no siempre redunda en integración y crecimiento: a veces se producen perturbaciones que consisten en problemas de comunicación o de integración entre los sistemas, y que dificultan los procesos de adaptación y supervivencia. La gobernabilidad será entonces una consecuencia de que el aprendizaje logre concretarse en un proyecto que incluya –en grado suficiente– las nuevas realidades y dificultades.

Límites que diferencian los sistemas incluyentes/incluidos

El impacto crisógeno de los eventos externos vulnera los límites de los sistemas menores, hecho que se vive como una invasión ajena y alienante. Los límites ofrecen contención y marcan pertenencia, por lo que son una parte substancial de la identidad del sistema. Al decir "límites" nos referimos a los planes manifiestamente formulados para el sistema, como así también a las políticas explícitas, ya que ambos le ofrecen un canal y una dirección. También los roles que configuran la estructura constituyen límites, porque, en última instancia, aluden a un conjunto de expectativas que regulan el desempeño de los individuos. El espacio y el tiempo son, asimismo, condiciones limitantes, y pueden sufrir cambios. La organización temporal de los eventos y la percepción subjetiva del tiempo, como ya hemos señalado, sufren un impacto considerable en momentos de crisis.

En épocas normales, los límites son claros, y contribuyen a una diferenciación que favorece el proceso normal de aprendizaje. Forman, además, parte del encuadre de la conducta y sirven para trazar un canal, un continente, fundamental para el cumplimiento de fines.

En la situación de crisis, y tal como surge de la imagen inicial, el contexto –que se modifica abruptamente– impacta en los límites, haciéndolos imprecisos y a veces amenazando con borrarlos. Si esto ocurriera, el hecho representaría la desaparición del sistema, que se transmutaría en otro o en otra cosa.

Gregory Bateson se refiere a las situaciones de comunicación y aprendizaje que se producen entre contexto y metacontexto en la serie abierta de sistemas incluyentes.

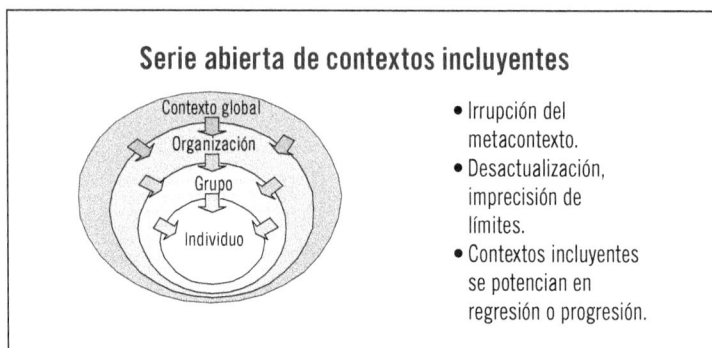

Serie abierta de contextos incluyentes

Contexto global
Organización
Grupo
Individuo

- Irrupción del metacontexto.
- Desactualización, imprecisión de límites.
- Contextos incluyentes se potencian en regresión o progresión.

La textura repentina y cambiante del macrocontexto global –*contexto turbulento y crisógeno*, según Emery y Trist–, se caracteriza por presentar grandes fluctuaciones y cambios. Dada la estabilidad –en los sistemas menores– de los esquemas aprendidos e internalizados, los cambios no pueden asimilarse fácilmente. Se producen en ellos alteraciones adaptativas.[55]

El proceso de aprendizaje que entonces se genera conduce a resolver los problemas que plantea la adaptación, que –en última instancia– tienen que ver con la supervivencia amenazada, hecho que se agudiza a través de una tendencia entrópica interna de los sistemas.

La recuperación de la congruencia necesaria para la integración comprende procesos de resolución de problemas y produce confrontaciones debido a las profundas contradicciones que se suscitan en los sistemas de la serie –entre sí o dentro de ellos mismos–.

Gregory Bateson, estudiando procesos comunicativos –de intercambio de mensajes– entre sistemas y modelos de aprendizaje, basados en el doble vínculo, señala que los mensajes contradictorios, en este sistema, encierran verdaderas trampas lógicas que resultan desorganizadoras. La

---

55. Emery, F.E. (Editor), *Systems Thinking*, London: Penguin Books England, 1981.

hipótesis del autor puntualiza algunas premisas que regulan los procesos:

- Todo contexto estructurado (sistema) constituye un encuadre de aprendizaje que se presenta dentro de un contexto más amplio, el *metacontexto.*
- Hay una serie abierta e infinita de contextos incluyentes.
- Lo que acontece en el contexto restringido es afectado por el contexto más amplio.
- Entre contexto y metacontexto puede haber congruencia o conflicto.
- Siempre corresponde considerar el contexto más amplio del aprendizaje, dado que puede cambiar el signo, el significado de la conducta o el refuerzo propuesto que permite el aprendizaje.

Un mensaje puede quedar fuera de tono respecto del contexto, más amplio, según la relación de los contextos incluyentes.[56]

---

56. Bateson, G., "Requisitos mínimos para una teoría de la esquizofrenia", en *Pasos hacia una ecología de la mente,* Buenos Aires-México: Ediciones Carlos Lohlé, 1976.

Abordar cualquiera de los sistemas enunciados implica tocar aspectos esenciales de los demás. Sin embargo, la autonomía funcional de que goza cada sistema hace que los procesos adaptativos sean propios y específicos de cada una de las unidades de análisis consideradas, sin que por eso dejen de existir implicaciones recíprocas más amplias.

Se puede así lograr un aprendizaje en el sistema restringido que a su vez implique incongruencia o conflicto con el sistema más amplio. Los procesos en ambos niveles guardan independencia, pero también se retroalimentan en progresión o regresión.

La mansedumbre que resulta de la crianza doméstica de los animales salvajes los deja inermes cuando tienen que volver a su hábitat natural. Aprender en el sistema restringido puede significar, de este modo, desaprender en el sistema más amplio.

Surge una situación crítica cuando se produce una incongruencia comunicativa, que atraviesa un límite entre contexto mayor y contexto menor. La incongruencia modifica, en alguna forma, el sentido del mensaje, lo que induce a errores en la comprensión o en la acción y dificulta la integración intersistémica.

Decimos entonces que las modificaciones abruptas del contexto en el que opera un sistema hacen que cambie el sentido de los mensajes.

En el ámbito escolar, esto puede observarse en los conflictos o enfrentamientos entre los padres y la dirección en momentos de crisis. La crisis acarrea, para los padres, problemas de inestabilidad económica y riesgos para la continuidad de un status adquirido. Por ejemplo, por no estar en condiciones de afrontar el costo de la educación, pueden tener que sacar a sus hijos de la escuela.

Dada la situación de crisis, los padres –bajo la presión y la amenaza externas– irrumpen en la escuela con nuevas demandas y preocupaciones, generadas por las nuevas urgencias y emergencias. Muchas veces invaden el ámbito escolar. Se tornan más demandantes que en épocas normales, sin que la dirección pueda comprender claramente sus pedidos o entender el papel que ella tiene que asumir.

Cada conjunto de actores sociales exacerba la defensa de sus posiciones. Se producen enfrentamientos que incrementan los conflictos y las tensiones entre dos sectores que siempre "se llevaron bien". Se instala la aludida incongruencia comunicativa de mensajes.

Poner límites y redoblar las exigencias para hacer cumplir los compromisos puede representar un agravamiento de la tensión y del conflicto, que termina siendo disfuncional para la comunidad escolar en su conjunto.

Se desestabiliza, por esa vía, un sistema relacional anteriormente pactado. En la interacción, se ponen de manifiesto otras incongruencias, contradicciones y conflictos que obedecen a un campo de eventos nuevos provenientes del metacontexto y que modifican el signo y el significado de los códigos anteriormente establecidos entre ambos grupos de actores sociales. Parafraseando a Bateson, puede decirse que los mensajes que despliegan ambos grupos en interacción están compuestos por segmentos de una ecuación que –en matemáticas– se pone entre paréntesis. Fuera del paréntesis hay un calificador o un multiplicador que altera todo el tenor de la frase.

La experiencia demuestra que, para encarar situaciones dilemáticas o contradictorias de esta naturaleza, es preciso observar el contexto más amplio de los acontecimientos, que abarca en este caso a ambos sistemas en interacción. Esto puede cambiar el signo del refuerzo propuesto por un mensaje dado, y modificar el modo de colocar el mensaje en una categoría. Operar así cambia el tono y la perspectiva abarcadora que permite actuar sobre la totalidad de la situación, reorientando los mensajes y la transacción entre grupos, y restablecer la congruencia perdida.

Como síntesis de este capítulo puede establecerse lo siguiente:

- La crisis, entendida como inestabilidad o ruptura, afecta en todos los niveles la gobernabilidad de cada uno de los sistemas incluyentes aquí reseñados.
- El sistema menor sufre el impacto crisógeno, que tiene el carácter de una invasión que amenaza con romper los límites que diferencian el sistema menor del mayor.
- La crisis ejerce una tendencia a provocar confusión, lo que hace que los límites se tornen imprecisos. El impacto acarrea caos y desorganización.
- La inestabilidad genera incertidumbre y desactualiza los sistemas internos. La conducción sufre el impacto de los cambios, el gobierno se desestabiliza. Pueden suscitarse una serie de distorsiones que afecten el gerenciamiento o la conducción. Las relaciones entre gerentes y empleados, entre directores y padres –en el ejemplo de la escuela–, también se desactualizan. Cambian los "tonos" y las relaciones de poder. Pueden aparecer prácticas coercitivas o manipulatorias que buscan controlar la insatisfacción y la protesta.
- Las relaciones tradicionalmente establecidas entre la organización y sus clientes, entre los gobiernos y sus representados, sufren, asimismo, profundas modificaciones. Las paradojas y el doble vínculo constituyen ejemplos demostrativos de las distorsiones de la comunicación que se generan entre conducción y público, entre maestro y alumno, etcétera.
- Los límites del sistema organizativo le dan continencia y, en tal medida, son protectores, le otorgan identidad y lo diferencian del sistema más amplio.

- Las políticas forman parte de los límites, por cuanto crean una franja, un canal amplio dentro del cual se desenvuelve el quehacer organizacional.
- Lo mismo ocurre con la misión, los planes y la estructura. La ruptura de la estabilidad y de los límites ocasiona desactualización disfuncional en cada uno de tales aspectos. El proceso adaptativo al que invita la crisis reclama una redefinición de cada uno de ellos. Se impone trabajar sobre dichos límites para fortalecerlos o redefinirlos si ello se hace necesario. La redefinición puede involucrar, por ejemplo, el cambio o refuerzo de ciertas políticas. Cambiar planes, redefinir objetivos más realistas.

CAPÍTULO 4

CRISIS Y SUBJETIVIDAD

Los cambios abruptos del contexto representan un impacto que, como vimos, implica un corte brusco en el devenir de la experiencia, que moviliza –en los sujetos involucrados– niveles emocionales profundos.

La vivencia subjetiva de riesgo y amenaza que provoca la crisis emerge en dichas circunstancias, retroalimenta la ansiedad, y esta, a su vez, retroalimenta positivamente la crisis.

Corresponde destacar aquí que la ansiedad tiene un papel preponderante en el desarrollo del proceso. En las etapas iniciales, suele presentarse en el sistema una tendencia regresiva desestructurante, incrementada por la incertidumbre, y que –a su vez– fomenta la ansiedad y la crisis. La ansiedad tiene la capacidad potencial de afectar la integración de un sistema social u organización. Pero también, como ha de verse luego, la ansiedad correctamente canalizada retroalimenta la esperanza y la confianza y, de esta forma, se transforma también en un factor constructivo en la búsqueda de soluciones y en la reconstrucción de los límites. Esta variable, arraigada en los estratos profundos de la conducta, no siempre es correctamente entendida. Si lo fuera, sería más frecuente y consistentemente usada por quienes tienen la responsabilidad de definir políticas, conducir o gobernar.

Contener la ansiedad para iniciar luego el proceso de recuperación del sistema de que se trata, constituye una estrategia básica, necesaria para conducir –en etapas más avanzadas de una resolución satisfactoria– un proceso planificado y de aprendizaje social que puede culminar con la redefinición de los límites del sistema.

Cuando en este capítulo hablamos de la ansiedad, nos referimos a los individuos, que son los que la poseen y experimentan. Se trata de una entidad que corresponde a un nivel de análisis individual de la conducta, que es menester destacar –y en esto la psicología ofrece un aporte imprescindible–. En las situaciones de crisis descritas, esta respuesta individual constituye un común denominador, dado que el impacto crisógeno determina una respuesta universal en los sujetos que pertenecen a un sistema. Ellos no solamente la padecen sino que se convierten en agentes multiplicadores de un fenómeno que retroalimenta en forma exponencial la crisis, ocupando un aspecto central del panorama, y constituyendo así un verdadero problema que requiere ser contemplado y canalizado.

Por ejemplo: los altos índices de desocupación, que fueron parte del contexto de la crisis argentina de 2001, ejercieron en la población un impacto desestructurante, facilitador de un proceso regresivo. Este impacto potenció la emergencia de la ansiedad, expresada en formas diversas: angustia, miedo, desesperanza, frustración, fantasías apocalípticas, estrés, enfermedades psicosomáticas, intensas fantasías persecutorias, depresión, etcétera. Tal como lo demuestran investigaciones recientes, la morbilidad psiquiátrica y la emergencia de enfermedades cardíacas se incrementaron significativamente durante la crisis aludida.[57]

---

57. Estudio de la Fundación Favaloro, período 1999-2002, reseñado por *La Nación*, 8 de octubre de 2005.

¿Por qué introducir el nivel individual en el análisis de la conducta, cuando hemos elegido priorizar el nivel de análisis organizacional específico, y cuando en el Capítulo 1 aludimos enfáticamente a los riesgos que implica la traspolación de niveles de análisis individuales para entender ciertos problemas organizacionales o sociales? Cruzar o integrar niveles de análisis no significa traspolar o incurrir en el reduccionismo explicativo. Los embrollos que enfrenta la crisis son complejos y el análisis de la ansiedad pone la mira en lo que les pasa a los individuos que son los mediadores imprescindibles que movilizan el sistema. El análisis organizacional, por otro lado, ha demostrado ya suficientemente, en parte a través de las investigaciones de Elliott Jaques, que el diseño de los sistemas sociales se convertiría en una mera tecnocracia social si no tuviera en cuenta las raíces profundas de la conducta humana. Un encuadre social bien diseñado, por ejemplo el marco organizativo que ofrece "la estructura", cuando cumple los requisitos de contemplar las necesidades de "confianza", equidad y reconocimiento individual, se convierte en recurso fundamental para contener la ansiedad y, en general, la crisis. El concepto de "organización requerida" señala justamente esto al observar que hay que buscar una solución y una estructura que potencialmente contribuyan a hacer emerger los aspectos más constructivos de la personalidad humana.[58]

Dadas las consideraciones anteriores, y a los fines de subrayar los aspectos motivacionales de la conducta, conviene presentar un caso individual que ayudará a entender y profundizar el análisis del factor ahora destacado. El impacto que ejerce la crisis en una trayectoria profesional y de carrera de un trabajador maduro puede apreciarse a través de este caso, representativo de muchos otros y que

---

58. Jaques, Elliott, *A general Theory of Bureaucracy*, London: Heinemann, 1979.

fue extraído de una experiencia grupal destinada a la reinserción laboral de personas que perdieron recientemente su empleo.[59]

> *Pedro era gerente de contaduría en una empresa textil pequeña, propiedad de tres socios. Con cincuenta y cuatro años, trabajaba en la empresa desde hacía veinticinco. Comenzó en el sector administración como auxiliar para realizar todo tipo de trámites. Luego, pasó a contaduría, donde inicialmente actuó también como auxiliar.*
>
> *Fue aprendiendo, a fuerza de ejercerlas, tareas contables que incluyeron en los últimos diez años la confección del balance y el manejo del presupuesto de ingresos y egresos de la empresa. Por su capacidad y buena disposición para el trabajo, fue absorbiendo progresivas responsabilidades. Nunca limitó su esfuerzo ni su tiempo de dedicación a la empresa. Si era necesario se quedaba horas extras, ya cumplida su jornada, para terminar una tarea.*
>
> *Comenzó a estudiar Ciencias Económicas, pero como estaba de novio, privilegió su proyecto matrimonial y familiar y no tuvo dudas en dejar los estudios para dedicarse con ahínco a sus responsabilidades familiares. Por lo demás, el trabajo en la empresa le tomaba mucho tiempo y prefería cumplirlo acabadamente antes que atender a los estudios.*
>
> *Sin formación profesional ni título universitario habilitante, siempre necesitó contar con el asesoramiento y supervisión de un contador externo que prestaba sus servicios desde un estudio privado, secundado por un plantel de gente joven.*
>
> *A través de los años el sueldo de Pedro pasó a ser uno de los más altos de la empresa, dada su larga trayectoria. Su compromiso, colaboración y lealtad con la firma facilitaron incrementos sucesivos. Además, en distintas oportunidades recibió diversas gratificaciones especiales que le permitieron adquirir un pequeño departamento primero, y luego cambiarlo por su vivienda actual, que comparte con su mujer –una profesional–, dos hijos y su suegra.*

---

59. Proyecto denominado TyO (Trabajo y Ocupación, 1995), realizado en el Centro de Estudios Avanzados de la Universidad de Buenos Aires, dirigido entonces por la Lic. Sara Slapack. El equipo de dirección del proyecto estaba constituido por varios profesionales, entre ellos el doctor Guillermo Fershtut y el licenciado Juan Cavo.

Tiene una hija de quince años y un varón de dieciocho, próximo a entrar a la universidad, y aspira a que sus hijos no trabajen y se dediquen totalmente a sus estudios hasta completar su grado.

Muy orgulloso, además, por la familia que pudo consolidar, sus ambiciones de progreso intelectual y profesional las canalizó a través de su esposa, quien, al casarse, había comenzado la carrera universitaria que pudo concluir. Ella siempre se sintió muy agradecida por el aliento y colaboración de su marido, pero su trabajo no llegó nunca a representar un ingreso significativo para la familia.

La vivienda fue siempre el rubro que más demandó desde el punto de vista de la economía hogareña, junto con la educación de los hijos. En otros aspectos, los principales gastos se destinaron a las vacaciones familiares. En su momento, asimismo, y gracias a las vicisitudes del valor de la moneda, Pedro pudo realizar un viaje a Europa con su esposa para festejar un aniversario importante.

En el organigrama de la empresa, él dependía directamente de uno de los socios, a cuyo cargo se hallaban la administración y las finanzas. En línea con su jerarquía interna, existían otras dos posiciones, un gerente de producción y un gerente de ventas, también dependientes, cada uno de ellos, de un socio.

En la década del noventa, la empresa se expandió. En 1994 ganó dos licitaciones muy buenas que la llevaron a ser proveedora de una cadena de supermercados. Esto permitió a la empresa ampliar su plantel, equiparse tecnológicamente y mudarse a un nuevo local. Pedro fue asimilando entonces las tareas virtuales de un gerente administrativo, pero nunca llegó a tener tal nombramiento.

La empresa parecía ser muy sólida, pero alrededor del año 1997, debido a la marcada recesión y a la situación competitiva, tuvo que reducir sus márgenes de ganancia, y las cobranzas comenzaron a dilatarse.

La empresa no cuenta con un capital propio para solventar la producción y sostener las inversiones que había comenzado a realizar; el panorama, por lo demás, es muy similar al de otras empresas del rubro. Las complicaciones económicas obligan a los tres socios a pedir un asesoramiento económico. Les recomiendan un plan drástico de reducción de gastos y, como alternativa, una convocatoria de acreedores.

El día del evento crítico que queremos señalar, Pedro llega como todas las mañanas a la empresa, muy temprano, luego de dejar a su mujer en su lugar de trabajo, y es convocado por el socio a cargo de la administración, del cual depende. Después de una forzada y penosa introducción, en una atmósfera tensa, su interlocutor le comunica que –como parte del plan de reducción de gastos de la empresa– la junta de socios decidió prescindir de sus servicios. Las tareas que cumple Pedro quedarían en manos del contador externo, ayudado por su equipo. Le informan que se le ha asignado una importante cifra indemnizatoria, y le ofrecen la posibilidad de renunciar a fin de que un eventual despido no dañe su impecable foja de servicios. Rápidamente, Pedro calcula que, con la cifra que le ofrecen –y aun siendo una persona ordenada en la economía familiar– podría vivir, cuidando los gastos de su casa, alrededor de un año. Atónito, perplejo, completamente bloqueado ante la noticia, no atina a contestar y se retira a su oficina completamente obnubilado.

A la edad que tiene, piensa, y con los índices de desocupación imperantes en el mercado, ya no lo tomarán en ningún lado. Se plantea su situación, preguntándose qué hacer.

Queda en un estado de sopor y se le agudiza un dolor estomacal, una acidez persistente que había empezado en 1997 cuando, a raíz de la recesión, la empresa comenzó a tener problemas económicos. Pero como sabía que era un empleado muy apreciado, no llegó a dudar de su estabilidad futura. En el contexto del país, la recesión, junto con la desocupación persistente y en aumento, comenzaban a transformarse en un cóctel alarmante.

En su momento, consultó a su médico, que le dio un tratamiento para prevenir una úlcera que se insinuaba, y atribuyó los síntomas a un estado de ansiedad que no se evidenciaba, dado que siempre manifestó una actitud aparentemente calma y tranquila. El médico, aludiendo a su estado de ansiedad, le sugirió que comenzara un tratamiento psicoterapéutico, pero como no estaba previsto en el plan de la economía familiar y no le parecía urgente, quedó fuera de sus consideraciones. Ahora, mientras se le agudizan sus dolores estomacales, no atina a pensar ninguna solución frente al futuro, que se le presenta como un gran agujero negro.

Le vienen a la mente las noticias de los diarios acerca del desempleo generalizado. Allí también se habla del problema que tienen los trabajadores maduros para reinsertarse en un empleo. Ahora –piensa– las pocas oportunidades que aparecen son para los jóvenes. De pronto se imagina en una situación de marginación, como si lo hubieran empujado del mapa. Lo paraliza el estupor: ¡esto sí que no entraba en sus cálculos! Y el primer problema que se le plantea es cómo decírselo a su familia. Él, que había sido el pilar y sostén de todos ellos…

Dada la franqueza que caracteriza al grupo familiar, siempre compartieron las buenas y las malas noticias; pero esto no es una noticia, es una bomba. No atina a hacer nada. Vuelve a su casa y no comunica nada. Y las dos semanas siguientes, sigue saliendo a la hora habitual. Merodea el lugar de su trabajo y se sienta en un bar próximo, en una posición estratégica como para ver la entrada y salida, sin ser visto. Sabe que esa falta de sinceramiento con su familia no puede sostenerse mucho tiempo, pero no se decide a hacer ninguna otra cosa. A pesar de que está seguro de sus méritos, se halla profundamente avergonzado y no encuentra una salida.

La supresión abrupta del empleo constituye una pérdida muy relevante. El trabajo tiene una significación emocional que lo convierte en mucho más que un recurso económico para enfrentar la vida. Es una fuente de estabilidad y pertenencia, a través de la cual se consolida la identidad. Para el individuo y su familia, es un sostén en el sentido psicológico del término.

En cuanto a la organización, ofrece en sí misma un conjunto de regularidades, un marco contractual que brinda expectativas de estabilidad y se integra a la personalidad individual, otorgando contención y pertenencia.

Parafraseando a Bleger, puede hablarse de una dependencia que va estableciéndose con un marco continente externo de normas y regularidades, que con el tiempo va convirtiéndose en una fuente de pertenencia que asegura continuidad y provee identidad. Las instituciones y organizaciones tienen un carácter fijo y estable. A ellas se aferran los individuos, depositando masivamente aspectos inmaduros de su personalidad. El mismo autor habla de una relación de dependencia que, en sus aspectos más regresivos, caracteriza como simbiótica.[60]

En épocas normales no se advierte la dependencia: es muda, y sólo se evidencia en situaciones de ruptura, por ejemplo, cuando un evento externo irrumpe abruptamente

---

60. Bleger, José, *Simbiosis y ambigüedad*, Buenos Aires: Paidós, 1962.

y la quiebra. Generalmente, la ruptura libera altos montos de ansiedad e incertidumbre que desorganizan la personalidad.[61] Dada la indiscriminación que esta forma de compromiso y pertenencia conlleva, la organización ocupa el lugar del "meta-yo" de los individuos involucrados, que puede entenderse como un yo auxiliar o un soporte transicional de la identidad que busca apoyos múltiples. Los individuos permanecen apegados a la dependencia que supone el pertenecer y que forma parte de esquemas internalizados y evitan la experiencia de la separación, sentida como dolorosa o inconcebible. La sensación de parálisis que se produce –y que cabe observar en el caso presentado– obedece a una necesidad profunda de negar el evento y al intento desesperado por mantenerlo como un hecho congelado en el tiempo. Predominan necesidades de estabilidad y seguridad que tienden a negar el cambio, a rechazarlo, a congelarlo por ser profundamente disruptivo e inasimilable.

La adhesión y el apego a la organización pueden burocratizarse y volverse ritualistas, rígidos, pero la dependencia madura de la pertenencia ofrece una oportunidad para el crecimiento personal, en especial cuando las relaciones gerenciales coinciden con los requerimientos de una personalidad madura y cuando los sistemas llamados de recursos humanos están diseñados para contemplar ese desarrollo, basado en el principio del mérito.

Cuando la gran variabilidad de los índices de desempleo que hacen al metacontexto del país y del mercado atraviesa un punto crítico, se produce una ruptura. Se ingresa entonces en otro estado: la incertidumbre y el desborde masivo de ansiedad, la confusión, se hacen extensivos a grandes sectores de la población. En eso consiste la crisis.

---

61. Bleger, José, "Psicoanálisis del encuadre psicoanalítico", en Kaes, René, *Crisis, ruptura y superación*, Colección Texto y contexto, Buenos Aires: Ediciones Cinco, 1979.

Cuando ella se instaura, se propaga por contagio, y el clima que se vive equivale al de la polución ambiental.

El efecto deletéreo que surge de las situaciones de ruptura es masivo y paroxístico. La ruptura representa la pérdida de un marco continente seguro, que es el que ofrece el empleo. La ansiedad liberada se aprecia en el clima desalentador y desesperanzado, profundamente nihilista, que es posible verificar en la población en épocas de crisis, y que juega un rol fundamental en la determinación del proceso.

Cuando queda sin empleo, el individuo siente que ha perdido un status seguro en la vida y, en un momento inicial, no puede concebir una situación distinta de la que acaba de abandonar, no puede ligar su futuro a ningún otro objeto institucional ni proyecto vital, se siente vacío. El *shock* compromete la totalidad del sujeto, incluidos su proyecto familiar y su identidad personal.

Las etapas iniciales son de una marcada retracción, que limita la toma de decisiones y determina una conducta muy cauta, conservadora, de supresión total de la capacidad discrecional del gasto. El individuo se restringe más allá de lo necesario. También demora la utilización de los recursos internos para buscar otras alternativas, aun aquellas distintas de la situación de empleo, hasta que la nueva realidad termina por imponerse y moviliza una nueva búsqueda.

Las rutinas incorporadas a la vida están ligadas a esquemas internalizados que se hacen permanentes, resistentes a aceptar cambios, que se sienten como hechos ajenos, extraños, insólitos y alienados, escindidos y separados de la experiencia previa. Con esto se vincula el impulso conservador, que tiende a restablecer el pasado.

A lo largo de toda su obra, Jaques jerarquiza el valor del trabajo para el individuo. "El buen trabajo" alienta y favorece el desarrollo, estimula el crecimiento, permite verificar los límites de la propia capacidad, ayuda a determinar el tamaño del "puedo" que forja la identidad.

"El mal trabajo", aquel que se torna rutinario, monótono, que no representa un estímulo por no estar a la altura de la capacidad del individuo, es alienante y perturbador. Durante la crisis, los ambientes de trabajo pueden ser propagadores de ansiedades que incrementan la inseguridad y se convierten en una mortificación del yo. Esto favorece la emergencia de problemas profesionales como el ya descrito "síndrome de *burnout*", que implican estrés, tensión, ansiedad.[62]

Como surge de las descripciones anteriores, el término "trabajo" se utiliza para caracterizar una variedad amplia de situaciones. El concepto de trabajo es, por lo tanto, polisémico. Se refiere a:

- Una actividad humana específica de naturaleza transformadora: es el trabajo entendido como el uso del juicio y la discrecionalidad en la toma de decisiones que implican la resolución de problemas.[63]
- Un ámbito en el que se desarrollan actividades productivas o de servicios: la empresa o el lugar en el que cada uno trabaja.
- Un contrato particular de empleo, que rubrica una dependencia y otorga derechos de estabilidad: "Ahora tengo trabajo".
- Un lugar de pertenencia que posee una imagen pública y que contribuye a la identidad: "Mi trabajo".
- Aquello que se le da a hacer a alguien en su empleo. Una asignación concreta de responsabilidades, tareas y objetivos constituye una "carga de trabajo".
- Un sistema de roles que permite la inserción en la organización y, a través de ella, en la sociedad.

---

62. Ver la definición del concepto de *burnout* en la Introducción, nota 16, al pie.
63. Concepto de "organización requerida y anti-requerida", usado por Elliott Jaques. Ver *La organización requerida, op. cit.*

- Un proyecto personal que, a la vez, permite sostener un proyecto familiar.

Observando el caso podemos apreciar que, cuando un individuo sufre una pérdida vinculada con la ruptura de un contrato de empleo, se movilizan todos estos significados indiscriminadamente. A los fines de la planificación de los cambios que la crisis referida convoca, cada una de tales dimensiones requiere un tratamiento totalmente distinto, basado en un nivel de análisis particular, del cual se derivan métodos, sistemas y procedimientos propios de ese nivel.

Resumiendo, este capítulo –a raíz del caso planteado– se centró fundamentalmente en el nivel de análisis individual de la conducta, señalando sus interrelaciones e interdependencias con un ámbito más amplio correspondiente al trabajo y a la vida en los lugares de trabajo. La interdependencia habla de la reciprocidad que en las épocas de crisis produce desestructuraciones en todos los niveles descritos. Cuando en este capítulo se afirma la importancia del factor ansiedad, no está postulándose que la problemática se resuelva mediante la acción individual de elaboración de esa ansiedad.

Sin duda alguna, se requiere una estrategia de impacto múltiple que contemple la verdadera problemática que está en juego, y que atañe a toda la población en forma generalizada.

Si la cuestión es tan importante para la estabilidad emocional de una población, actuar sobre esta problemática conduce a incursionar, por ejemplo, en el derecho de la gente a trabajar, que una sociedad organizada debe garantizar. Y no sólo el derecho a trabajar sino el de realizar un trabajo que sea consonante con lo que cada persona puede brindar desde el punto de vista de su capacidad. Los seguros de desempleo que ofrecen las sociedades desarrolladas cubren un solo aspecto del problema, el de la cobertura de las necesidades mínimas, pero no brinda la funcionalidad amplia para el crecimiento y el desarrollo que representa la posibilidad de verificar que alguien puede ganarse la vida y la posibilidad de verificar los límites de la capacidad individual que forjan la identidad madura. Son, pues, fundamentales en este sentido, las políticas públicas y sociales. No hay que contentarse con decir: "el empleo ha muerto, ¡viva el trabajo!". En primer lugar, porque no se ha demostrado que esto sea cierto, y luego, porque la planificación social y de la economía requieren que las fuentes de trabajo se desarrollen con un sentido estratégico más global. Debido, justamente, al valor subjetivo del trabajo, el índice de desocupación es un regulador básico del estado de ánimo de la población. Como se sabe, el éxito de un plan económico pasa antes que nada por la esperanza y la confianza de la población, es decir por un valor puramente emocional. Si eso es así, la mera racionalidad económica de un plan no garantiza su efectividad: habrá que comenzar por crear las condiciones, es decir, por pensar en el meta-sistema y en la imperiosa necesidad de generar fuentes abundantes de trabajo para toda la población, sin exclusiones.

Lo que acaba de decirse viene a confirmar una vez más, al determinar el derrotero de la crisis, la gran importancia de los factores empleo y desocupación, y el riesgo de explosión y violencia que representan los momentos de ruptura.

Las fantasías, rumores y profecías que cunden en épocas de crisis ilustran el papel de la ansiedad en la determinación futura de los sucesos. Las profecías ponen de manifiesto la tendencia intencional de la conducta, la importancia de la visión prospectiva, visión que –como se advierte– puede ser modelada.[64]

---

64. Watzlawick, Paul, "Profecías que se autocumplen", en Watzlawick y otros, *La realidad inventada*, Barcelona: Editorial Gedisa, 1988, pp. 82-96.

Por otra parte, aun cuando los índices de empleo sean compatibles con las necesidades normales de la población, el problema del trabajo no se agota allí.

Cada una de las empresas, cada una de las situaciones de empleo, requiere cumplir una serie de condiciones para que las necesidades humanas sean satisfechas. El individuo busca encontrar en su empleo un rol o posición consonante con su capacidad individual, pues este equilibrio asegurará un desempeño satisfactorio.

Un marco organizacional adecuado verdaderamente contenedor es aquel que satisface las condiciones que demanda un individuo normal, un trabajador capaz de realizar un aporte significativo. Esta dimensión del análisis está estrechamente vinculada con el desarrollo organizacional que permite convertir a una entidad particular en un buen lugar de trabajo.

Los siguientes puntos resumen el desarrollo de las tesis sostenidas en este capítulo.

- La pérdida repentina de la fuente de trabajo conduce a una crisis personal profunda, promotora de un alto nivel de ansiedad, generada por la incertidumbre producida cuando se pierde un marco de referencia seguro para enfrentar las exigencias de la vida. Durante la crisis, la ansiedad y las diversas formas en que esta se manifiesta, comprometidas por procesos subjetivos de naturaleza individual, juegan un rol preponderante. La ansiedad es el factor que afecta el derrotero del proceso.
- Es posible observar que la desocupación –como determinante externo– constituye un factor crisógeno prioritario, porque vulnera los lazos de continencia que ofrece el trabajo en la sociedad.
- Pasar a estar desocupado constituye un cambio profundo en la vida, uno de los eventos más perturbadores

por los que se puede atravesar; se trata de una experiencia de pérdida muy significativa, que afecta un proyecto personal y familiar y que puede llegar a producir la temida exclusión social.

- Cuando esta situación, descrita en el plano individual, compromete a millones de personas (los desocupados reales, los que se hallan en riesgo de serlo y los subocupados), el sentimiento de pérdida y la ansiedad se generalizan y se hacen colectivos, estimulando conductas aberrantes, entre ellas la inseguridad y el miedo generalizado –capaz de transformarse en pánico–, factores todos que incrementan la retracción, que, a su vez, acentúa la recesión económica.

- Cada una de las organizaciones que provee un ámbito de empleo ofrece la posibilidad de que en ella los individuos desarrollen su proyecto personal laboral. Pero las organizaciones sólo pueden ofrecer un lugar adecuado de trabajo cuando están bien diseñadas y sus formas de organización y conducción responden a las condiciones que requiere la gente que trabaja.

- La experiencia de pérdida es central en las situaciones de crisis, y desencadena un proceso de duelo que –si es bien resuelto– conduce a un estado de recuperación.

- Las emociones experimentadas afectan la posibilidad de aprender de la experiencia. El sentimiento de desolación y desaliento impide reconstruir la estructura de significados de la cual depende el aprendizaje. Por lo general, las pérdidas resultan amenazantes a menos que quienes las padezcan puedan aprender a manejar la situación y a soportarla, así, constructivamente.

Los estados de desesperanza o de pesimismo generalizados son parte de los procesos de duelo, de pesar, que radican en la pérdida de la fe respecto de la posibilidad de llegar a un resultado. Se necesita recuperar la confianza en los lazos y apegos perdidos.

El proceso de duda y de resolución de crisis ocasiona pérdidas severas y puede absorber una gran cantidad de energía. Esta reserva tiene una suerte de moratoria que permite no tener que colocar la energía en el trabajo ritual. Una vez que el proceso se ha completado y cuando el duelo y la pena asociados al proceso han llegado a su etapa final, los individuos recuperan la confianza, recuperan también la vitalidad, que ahora pueden destinar a nuevos propósitos. La energía insumida por estos procesos y la ansiedad liberada en su transcurso pueden producir un colapso de salud, enfermedades de diverso carácter. Justamente, lo expuesto hasta aquí tiene la intención de advertir acerca del estrés que los cambios pueden generar, y señalar cómo el manejo de estas situaciones es capaz, a su vez, de afectar los resultados.

CAPÍTULO 5

ETAPAS EN EL DESARROLLO DE LA CRISIS

Al definir y describir la crisis de un sistema social, se ha aludido repetidamente a la idea de *proceso*. Como señala Käes, se trata de un proceso de transición que transcurre a partir de una ruptura y de alteraciones que pueden producir los cambios (ver Capítulo 2).

Queremos introducir ahora la idea de "etapas" –las que transita un sistema en crisis en el curso de su resolución–. Las etapas son identificables en el momento de transición entre ruptura y recuperación. Son estadios de maduración, representan progresos asociados con cambios que comprometen:

a) el contenido subjetivo de las vivencias –cómo van viviendo la crisis los protagonistas–, y las ansiedades predominantes;

b) la dinámica de las relacionarse entre personas, entre grupos, entre estratos o instancias organizacionales.

c) la forma y contenido de los conflictos predominantes en cada etapa;

d) el contenido y dimensión del proyecto;

e) la morfología del sistema, la estructura y la organización que transita hacia un nuevo modelo;

f) la estructura de poder.

Esto ocurre por cuanto la crisis produce, como se dijo, una alteración de las reglas del juego: todo el esquema varía y, de esta forma, cambian las posiciones de los actores involucrados como, de igual modo, la problemática de los intereses a los que está apegado cada uno de los grupos, instancias o estratos organizacionales. Se habla de conflicto en relación con la existencia de voluntades animadas por una intención hostil. El objeto del conflicto es –muchas veces– un derecho cuestionado.[65]

Julien Freund entiende el conflicto como "el enfrentamiento de dos o más voluntades (individuales o colectivas), que manifiestan, una con respecto a la otra, una intención hostil a causa de un derecho, y que para mantener o recuperar ese derecho, tratan de quebrantar la resistencia del otro, recurriendo eventualmente a la violencia". Aclara más adelante que "(...) conflicto quiere decir choque, por consiguiente, enfrentamiento de dos fuerzas que se prueban".

El tiempo que media entre la ruptura y la recuperación es de incertidumbre, originada en el hecho de que no es posible saber de antemano cómo quedará el sistema después de la crisis. Siempre está presente el riesgo de fracaso, que representa una crisis mayor o una regresión a etapas previas. Los cambios cualitativos que van sucediéndose reflejan modificaciones en el estado del sistema. Conocer de antemano estas etapas permite anticiparse y así encarar estratégicamente la contención y la conducción que reclama la crisis.

Las etapas y los aspectos anteriormente puntualizados se sintetizan, a grandes rasgos, en el cuadro de la página siguiente:

---

65. Freund, Julien, "Observaciones...", *op. cit.*

Etapas en el proceso de crisis

1. Confusión desestructurante
Caos - Anomia. Los términos del conflicto no son claros.

2. Enfrentamiento polemógeno
Posiciones dilemáticas. Conflicto. Desconfianza. Pelea.
Enfrentamiento. Términos del conflicto claros.

3. Pérdida y duelo
Aceptación, reconocimiento del cambio. Depresión.
Duelo vs. Apego. Negociación. Conciliación. Colaboración.

4. Nuevos paradigmas
Aprendizaje. Creatividad. Comunicación positiva
con el metacontexto.

1. Confusión desestructurante. El *shock* inicial que producen los cambios puede dar lugar a una etapa de confusión, desorientación, desorganización, desorden, anomia y –eventualmente– caos. La crisis se expresa como un corte en la continuidad de la experiencia, una fluctuación violenta relativa a la interrelación "sistema-medio ambiente". La crisis pone de manifiesto que existe una dependencia respecto del ambiente, de la que no había una conciencia clara.

A esto se refiere Morin cuando alude a los desórdenes e incertidumbres que determinan una regresión de la predicción, es decir, un abandono del planeamiento. La irrupción de desórdenes puede asociarse con parálisis y rigidización.

La estabilidad y la continuidad de un proyecto familiar, de trabajo, educacional u organizacional, sólo puede apreciarse en toda su intensidad cuando un hecho fortuito lo discontinúa, impidiendo su realización.

La discontinuidad produce un *shock*. La experiencia o proyecto se interrumpen y emerge un tipo de ansiedad predominante a la que se denomina confusional, por ser la desorientación, la desorganización, la confusión lo que prevalece en un primer momento. El sentimiento de máxima violencia que connota el evento crítico impuesto no suele ser asimilado fácilmente por el sistema. Se incrementa la incertidumbre junto con una reacción interna masiva, paroxística, similar a la experiencia de caos.[66, 67]

Esta etapa aún no muestra la contradicción manifiesta entre entidades antitéticas. Todo queda subsumido en una experiencia caótica. La confusión imperante impide que los términos del conflicto se aprecien claramente. Muchas veces, los actores sociales involucrados optan por poner entre paréntesis la realidad, entrando de ese modo en un estado de moratoria que representa una parálisis frente a la acción. Como respuesta al impacto desestructurante, se produce un movimiento regresivo de desorganización creciente, que coincide con el abandono del planeamiento y la imposibi-

---

66. Bleger, José, en *Simbiosis y ambigüedad,* Buenos Aires: Paidós, 1967, p. 239, describe como posición *glischro*-cárica una etapa de evolución de los sistemas individuales en los que predomina la indiscriminación y las ansiedades confusionales. Antepone esta etapa a las de las posiciones esquizoparanoide y depresiva.

67. La hipótesis de trabajo planteada por Bleger sugiere que, además de las dos posiciones básicas postuladas por M. Klein (cada una de ellas, con sus ansiedades, objetos y defensas característicos), puede reconocerse una tercera, anterior a las dos señaladas, caracterizada por una relación de objeto aglutinado, ansiedad catastrófica, defensas –como la escisión, proyección e inmovilización–, que funciona con máxima intensidad, pasividad y violencia, a la que denomina, como hemos dicho, posición *glischro*-cárica. No hay diferenciación entre *yo* y *no-yo*. Esta posición incluye la estructura psicológica más primitiva, donde hay fusión de lo interno y externo en un estado de sincretismo cuya denominación y descripción el autor toma de Wallon. Cuando se rompe la dependencia con el objeto, la ansiedad que surge es de carácter catastrófico y confusional; actúan defensas muy primitivas como la disociación, la proyección, la inmovilización, que se comportan también en forma intensa, masiva, accesional. En esta etapa, no se manifiestan todavía las contradicciones, y el sentimiento de riesgo predominante es el de la aniquilación. La relación con el objeto se hace indiscriminada.

lidad de definir metas claras. Los roles pierden sus contornos y su perfil, la estructura se hace imprecisa, pierde vigencia, se ve afectada por la confusión imperante, la gente se desubica en sus puestos, las relaciones de poder pueden sufrir marcadas alteraciones.[68]

2. Enfrentamiento polemógeno. En un segundo momento, puede instaurarse una polémica interna, centrada en la bipolaridad "amigos/enemigos", que señala un marcado enfrentamiento interno acompañado de síntomas de alienación de todos los grupos entre sí. Dada esta tendencia disociativa los grupos pierden la necesaria complementariedad que suponen las partes de un sistema.

El conflicto al que da lugar tal enfrentamiento se caracteriza por presentar posiciones polémicas, antitéticas. La crisis deviene un conflicto polémico.

Tras la desaparición de la bandera del equipo local, se instaló un clima enrarecido: ayer evacuaron la sede por una amenaza de bomba, se suspendieron los partidos de inferiores para hoy entre los equipos; duros cruces por Internet

Alerta

Guerra sucia entre equipos de football

La ansiedad predominante está centrada en la desconfianza, y prevalece un monto significativo de paranoia: la tensión que la acompaña puede asumir diversos grados de expresión violenta. Por lo general, la ansiedad persecutoria

---

68. Morin, E., "Para una crisiología", *op. cit.*

145

favorece que las complementariedades se conviertan en antagonismos.

Las diferencias entre grupos significativos de poder van profundizándose. El monto de desconfianza latente alimenta los enfrentamientos, que, en el primer momento, parecen inconciliables. Se acentúan las alianzas, las coaliciones, etcétera.[69]

Esta descripción esboza –al menos metafóricamente– el carácter regresivo y primitivo de los mecanismos en juego. La disociación propia de la etapa tiende a dividir y a asumir una perspectiva dual. El sujeto se relaciona alternativamente con una figura parcial persecutoria o, en su defecto, idealizada.

En las vivencias cotidianas provenientes de las relaciones con los hechos inesperados de la vida, las ansiedades primitivas expresadas a través de fantasías se reactualizan. Los acontecimientos de fuerte impacto emocional promueven momentos regresivos que introducen riesgos y peligros en el mundo externo y las relaciones sociales. La agresividad y

---

69. La segunda etapa coincide con lo que M. Klein denomina "posición esquizo-paranoide". La descripción que esta autora hace de esta etapa permite definir este segundo momento de elaboración del proceso de crisis y entender la naturaleza persecutoria de las vivencias que acompañan los hechos. Dada la persistente inmadurez de las relaciones de objeto, las relaciones son "de tipo parcial", y los sentimientos que las acompañan son bivalentes: el sujeto tiende a disociar lo bueno e idealizar lo malo y persecutorio. Aspectos inmaduros del psiquismo temprano subsisten en el mundo adulto, que se ve poblado de sentimientos, fantasías y ansiedades que conservan la impronta de las etapas inmaduras del desarrollo. Las experiencias frustrantes del mundo adulto tienden a reavivar estos sentimientos y conflictos primitivos al abrevar en ellos. Las relaciones sociales, así como aquellas que se expresan con las figuras de autoridad, pueden estar impregnadas de tales experiencias primitivas y vínculos primarios.
Las ansiedades predominantemente persecutorias de esta etapa se caracterizan por un miedo irracional a ser dañado o destruido desde afuera por objetos, dotados de ánimas o fantasmas que representan peligros provenientes del mundo externo. Las fantasías que acompañan estos temores son la resultante de la proyección en el mundo externo de ansiedades internas que abrevan en la inmadurez del psiquismo.

la destructividad concomitantes que a veces acompañan los vínculos y las relaciones, constituyen una forma violenta de expresión de las ansiedades propias de esta etapa. El afán omnipotente por controlar los riesgos y al enemigo, la marcada desconfianza y desvalorización del oponente, acentúan la imposibilidad de los acercamientos necesarios para negociar acuerdos. Esto afecta tanto el sentido de unir como el de separar –en el seno de grupos humanos amplios–. Todo ello –como puede deducirse de lo anterior– afecta las relaciones de colaboración, compromiso y complementariedad. Las amenazas, las sospechas, los rumores, la agresividad –que suelen caracterizar las atmósferas de tensión y malestar en el seno de los grupos humanos de diversos tamaños y complejidades– retroalimentan la reciprocidad de las relaciones bilaterales en este tipo de ansiedades y fantasías.[70, 71]

Según Morin, la búsqueda de soluciones puede asumir ribetes poco realistas. Pueden surgir fantasías, mitos, mecanismos mágicos de resolución, mesianismos, salvacionismos, búsqueda de chivos emisarios, tendencia a aislar a presuntos culpables. Muchas veces estas tendencias se expresan en la marginación que consciente o inconscientemente se hace de personas o grupos sociales amplios que funcionen como excluidos y que se convierten en chivos expiatorios de problemáticas globales. La exclusión social de grupos representativos de la sociedad global –que los hace depositarios, transformándolos en desposeídos– constituye así un mecanismo primitivo de resolución de problemas. Lo primitivo de este mecanismo, basado en la disociación y alienación, trae como derivadas respuestas violentas. Estimula los índices de inseguridad y criminalidad, que constituyen

---

70. Klein, Melanie y col., *Desarrollos en psicoanálisis.* Buenos Aires: Ediciones Horme, 1962.
71. Klein, Melanie, *Our Adult World and its Roots in Infancy,* London: Tavistock Publications, 1967.

la expresión de un resentimiento vago e indiscriminado. Los períodos de franca exclusión social se acompañan, entonces, de altos índices de criminalidad y violencia (ver casos y ejemplos en la Introducción).

Siguiendo a J. Freund, cabe decir que el eje central de esta etapa "es el que concierne a la aparición o introducción premeditada de la intención hostil. Esta tiene el efecto de bipolarizar las relaciones por la oposición amigo-enemigo. El conflicto aparece en estas condiciones como una solución frente a la crisis, pues al fijar un enemigo, se introduce una certidumbre, una seguridad, la de una idea y de hombres en combate, a los que se hace responsables de la equívoca situación (...)".

Luego del desconcierto, confusión y duda de la etapa previa, la *"identificación de un enemigo aparece así como una liberación, puesto que la lucha que hay que emprender adquiere desde ese momento un sentido concreto (...)".*[72]

Encontramos en estas descripciones las dos características centrales del tipo de conflicto instaurado: la bipolarización y la precipitación de la hostilidad.

Las posiciones encontradas comienzan a negociarse, y la situación dilemática tiende a una síntesis conjuntiva que acerca a las partes.

El progreso sobre la etapa anterior se manifiesta en el hecho de que los términos del conflicto aparecen claros. Ello contribuye también a clarificar la identidad de las partes contendientes.

El conflicto permite que vaya configurándose la estructura esencial de significados que –en esta etapa– se edifica en términos dilemáticos. La polémica y la confrontación, vistas como momentos de un proceso, pueden tener el sentido de propender a una clarificación de las posiciones si el clima de tensión no se hace disfuncional para la continuidad del sistema.

---

72. Freund, Julien, "Observaciones...", *op. cit.*

3. Pérdida y duelo. La etapa que sigue suele denominarse "de duelo", y coincide con el comienzo de la aceptación de una realidad que ha cambiado, y con la construcción de un nuevo paradigma. Coincide, asimismo, con un sentimiento de pena vinculado con ansiedades depresivas provenientes de la ruptura de la continuidad. Las pérdidas asociadas con la crisis, dado el apego afectivo a los esquemas previos, a aquello que se siente como perdido. El proceso está signado por una considerable ambivalencia, liberadora de ansiedad, que se manifiesta a través de la tristeza, acompañada por períodos de desesperanza, autocuestionamientos y pérdida de la autoestima. Cuando el motivo de la crisis afecta a poblaciones enteras, estas expresiones y formas de manifestación pueden generalizarse. Esta situación es particularmente importante por cuanto la esperanza es un sentimiento alentador para salir de la crisis. Los historiadores saben que las guerras, pero también las causas que comprometen a un colectivo numeroso de pesonas, primero se ganan o se

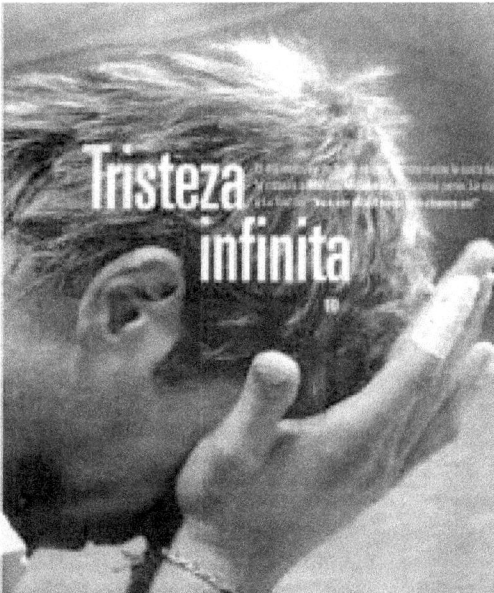

pierden en el estado de ánimo de la gente. Por ello, rescatar esta etapa del proceso, entenderla y poder encauzarla resulta fundamental.

Autores como Peter Marris (antropólogo) y George Pollock (psicoanalista) ponen el acento en el proceso de duelo, entendido como parte de la transformación que permite la adaptación en situaciones de cambio social. Según estos autores, pasar a una nueva etapa o aceptar una nueva realidad –aun cuando esta pueda representar una mejora– no es fácil, y suelen dar lugar a resistencias. Muchas veces estas radican en dificultades para aceptar la pérdida que el cambio trae para cambiar. El fenómeno se traduce en una inmovilidad, con los consiguientes fenómenos sociales y políticos paralelos, derivados de dicha resistencia. Por el contrario, la condición para que se instaure una metamorfosis creativa y constructiva depende de que se hayan resuelto positivamente las dificultades de las etapas previas, y de que el apego afectivo a los viejos esquemas o soluciones consabidas se haya resuelto. Para Marris, existe una actitud conservadora innata en la que se basa la resistencia al cambio. Tal actitud impide transitar el proceso que estamos describiendo, y busca preservar, proseguir con aquello que fue antes válido y con lo que se mantiene un significativo apego afectivo.[73, 74] Este apego es irracional en la medida en que tiene un sustrato signado por necesidades de naturaleza profunda, y ocurre aun cuando los baluartes o etapas anteriores estaban ligados con la deprivación y el sufrimiento. El autor citado pone como ejemplo los estudios de "cambio social" efectuados en poblaciones erradicadas de sus viviendas primitivas, precarias e insalubres, que fueron trasladadas a barrios de

---

73. Marris, Peter, *op. cit.*

74. Pollock, George, Transcripción escrita de la conferencia "El proceso de duelo y el cambio creativo en las organizaciones", conferencia pronunciada en la Asociación Psicoanalítica Argentina, octubre de 1976.

viviendas de mayor confort y dignidad. Los sentimientos que experimenta esta población son considerados verdaderos procesos de duelo. La pena que acompaña estos procesos es parte de un conjunto de manifestaciones propias de la elaboración del duelo. Estos sentimientos suelen ir acompañados de manifestaciones depresivas, asociadas con la tendencia a enfermarse o a padecer otro tipo de estrés, vinculadas con la pena por el abandono de la vivienda anterior y por el apego de lo que queda atrás.[75] Estos hallazgos llevan a la conclusión de que, para introducir un verdadero cambio social, no pueden ignorarse los verdaderos sentimientos y la idiosincrasia de la población, aun cuando el agente del cambio externo considere que el cambio representa un adelanto, un progreso o una mejora. La transición es inevitable, los cambios por decreto no funcionan, y no deben violentar los estados de opinión prevalecientes.

Hay que señalar que las referencias al proceso de duelo, adaptadas por los autores recién mencionados a situaciones y ámbitos sociales, se basan en la descripción originalmente formulada por Sigmund Freud.[76, 77, 78]

---

75. Marris, Peter, *op. cit.*
76. Freud, Sigmund, *Duelo y melancolía, Obras completas*, Buenos Aires: Amorrortu, 1979.
77. Según señala Freud en *Duelo y Melancolía (op cit.)*, al comienzo del proceso de duelo el individuo no puede retirar su amor o su apego de lo que ha perdido. Se aparta de la realidad y se aferra al ideal o al objeto perdido mediante la negación. El autor describe un cuadro patológico que denomina la psicosis alucinatoria de deseo, cuya función es mantener vivo el objeto o el ideal ausente mediando su recreación a través del síntoma descrito. El sujeto tiene alucinaciones en las que el objeto se le aparece como si estuviese presente. Sin embargo, con el tiempo, la realidad va gradualmente imponiéndose, y el individuo va logrando retirar, separar progresivamente la libido de ese objeto, como para poder realojarla en uno nuevo. Cuando el trabajo de duelo se ha completado, el Yo queda otra vez libre y desinhibido.
78. Freud observa que la aflicción, el sentimiento de pena, constituyen una reacción frente a la pérdida de una persona amada, la pérdida de alguna representación abstracta, de un objeto significativo y que compromete –por

Y así, desde el punto de vista subjetivo, el duelo forma parte de un proceso adaptativo normal constituido por una secuencia de fases y etapas cuya evolución es parte de una reacción frente a la pérdida, en un sentido muy amplio del término. Cabe concebir este proceso fundamental como una reacción adaptativa frente a los cambios, que se resuelve comúnmente cuando el proceso admite los mecanismos propios de la transición, en una resolución creativa beneficiosa que permite alojar el interés psíquico en nuevos objetos, nuevos ideales, nuevos campos, nuevos proyectos o conquistas adquiridas. De esto se trata el "investir".

La situación de crisis se vincula muy frecuentemente con pérdidas reales o representadas, que desencadenan este tipo de emociones, sentimientos y vivencias de naturaleza subjetiva. Cuando se refieren a situaciones compartidas entre muchos individuos, adquieren una dimensión social que afecta el estado de ánimo colectivo, generando corrientes de opinión o de acción. La tristeza y la desesperanza que impregnan la atmósfera social en épocas de crisis y de catástrofes colectivas constituyen una expresión de tales estados de ánimo que se erigen a su vez en una moratoria para la acción constructiva, en una barrera para el cambio.

Esta etapa en las situaciones de conflicto y de negociación entre contendientes, según destaca Julien Freund, representa un avance respecto de la etapa anterior. A la certeza de las partes en conflicto se agrega un nuevo elemento

---

ejemplo– al propio país, la estabilidad, la libertad, algún otro ideal, o un proyecto. El duelo no debería entenderse como un estado patológico que requiere un tratamiento: normalmente se supera al cabo de cierto tiempo. El estado de ánimo correspondiente al duelo es la pena, un sentimiento doloroso, de pesar, referido a la pérdida del objeto. Este sentimiento está acompañado por el retiro del interés en el mundo externo, un descenso de la autoestima, la imposibilidad de investir libidinosamente un nuevo objeto amoroso, un ideal o un proyecto vital, como así también la tendencia a apartarse de cualquier actividad que no tenga que ver con la pérdida.

o una nueva fuerza posible que marca el camino hacia la negociación. La crisis cambia de aspecto al surgir en la escena un tercero, una tercera fuerza, que ejerce presión para movilizar el conflicto y sacarlo del enfrentamiento polemógeno que en la etapa anterior parecía haber llegado a un punto de no retorno. La aparición del "tercero" se erige en un obstáculo positivo para evitar la bipolarización de fuerzas e intereses. Permite el desarrollo de la conciliación de intereses y la búsqueda de soluciones consensuales que logran cambiar así la orientación y signo del conflicto, el cual pasa de negativo a positivo.

En la concepción de J. Freund, "el tercero cumple en la sociedad funciones tanto irenógenas (pacifistas) como polemógenas. Puede ser el árbitro, el mediador, el intermediario, el juez, la condición de objetividad, el investigador de problemas, el tercer ladrón, el divisor, etc. Lo que se necesita subrayar desde el punto de vista que nos ocupa, es su papel esencial en el paso de la crisis al conflicto, en el sentido de que una crisis evoluciona casi inevitablemente hacia el conflicto tan pronto se produce la disolución del tercero. El tercero es el soporte de las contradicciones, es decir del pluralismo, de los antagonismos, de los desacuerdos y los contrastes".[79]

La disposición para el análisis de los problemas y para la investigación inicia un período de búsqueda de soluciones y de intentos de recuperar el planeamiento, que sólo puede darse si el estado de ánimo como factor disposicional apoya esta etapa del proceso.

El factor disposicional que efectivamente introduce un cambio positivo y duradero en las situaciones de negociación es la *confianza* que abona los sentimientos de reconciliación, esperanza y acercamiento. Su contraparte es la *desconfianza*. Por ello cabe afirmar que ha tenido que superarse satisfactoriamente la etapa anterior para que puedan

---

79. Freund, Julien, *op. cit.*, pág. 201.

emerger fortalecidas este tipo de emociones vinculantes. En efecto, en situaciones de pérdidas masivas, la confianza y la esperanza aparecen en etapas más evolucionadas del proceso. Constituyen una precondición para la aceptación de un tercero que actúa como mediador, están basadas en el afán de construir más que de destruir en las relaciones conflictivas entre contrincantes.

Para llegar a una actitud más conciliadora, los principales grupos en oposición debieron primero llegar a aceptar la pérdida de su omnipotencia, su vulnerabilidad, y el hecho de que son incompletos. Esta aceptación se acompaña de ansiedades depresivas –consecuencia de la ambivalencia– que pueden oscilar con la desesperanza.

Con la aceptación del conflicto comienza una etapa de reconstrucción en las relaciones dinámicas entre personas y grupos. Los intereses sectoriales no deben necesariamente abandonarse, pero, dentro de este nuevo enfoque, pueden canalizarse a través de la interacción y el compromiso recíproco en el manejo de los conflictos. Esto requiere debate, persuasión y negociación a través de mecanismos concertados. Las cosas ya no aparecen en términos de blanco o negro, como en la etapa anterior. Ahora aparecen los grises, lo que implica aceptar que caben diversos matices dentro de una misma realidad. Pueden coincidir esto y lo otro, como la forma de percibir las cosas propias de la ambivalencia que supone también la existencia de afectos contradictorios referidos a un mismo objeto.

4. Nuevos paradigmas. Adaptación proactiva. En esta nueva etapa se impone la necesidad de restaurar la continuidad de los propósitos que forman parte del proyecto al que está abocado el sistema.

Ahora se deja de sentir a la organización, al grupo, a la comunidad o al país como "ajenos", y se comienza a percibirlos como objetos compartidos cuya estabilidad depende de un esfuerzo mancomunado y participativo, base del funcionamiento democrático. El sentimiento que acompaña esta evolución es el de la preocupación, en el sentido de compartir el problema con otros, ocuparse con ellos de resolverlo. Se diferencia de sacarse el problema de encima sintiéndolo ajeno.

La lucha por sobrevivir invita a aunar esfuerzos.

Las modificaciones implican un *cambio de paradigmas* que consiste en el abandono de los esquemas que ya no resultan útiles para enfrentar y resolver los problemas y enigmas que el presente plantea. Valores, creencias, actitudes tienden a transformarse en otros, más adecuados a la compleja realidad externa. El abandono de viejos baluartes es siempre doloroso, trabajoso y lento. El apego afectivo a las posiciones previas mantiene a los individuos adheridos a ellas. El dar apoyo y comprometerse activamente con la nueva situación no deja de provocar preocupación por la pérdida de la identidad grupal o sectorial, que implica el riesgo de socavar las fuerzas para defender los intereses propios.

En esta etapa, entre todos los "actores" organizacionales comienza a perfilarse una franja de "responsabilidades conjuntas". Este cambio interno se ve apoyado, a su vez, por modificaciones actitudinales y de identidad de las figuras de autoridad, compelidas a resignar el supuesto de poseer la totalidad del poder así como el control de la situación. El modelo paternalista comienza a desplazarse hacia prácticas democráticas que contemplan el pluralismo existente y la complejidad en la dinámica del poder.

Quedan instauradas las respuestas innovadoras que venían dándose, tendientes a llenar un vacío y a reconstruir la situación: se trata de restablecer un orden, en un nivel de complejidad y abstracción superior, que expresa nuevos sentidos en respuesta a los problemas planteados por la situación crisógena. Nos encontramos con episodios de innovación y creatividad que no eran predecibles en etapas previas, cuando la desesperanza hacía sentir que todo estaba perdido.

Estas soluciones abarcan una visión integradora, que da lugar a nuevas formas de organizarse, a nuevas normas y pautas de funcionamiento y a la creación –en el sentido más amplio del término, que abarca incluso la renovación– de modalidades para tratar los problemas y superar las soluciones consabidas. Tenderán a emerger modelos, ideas innovadoras orientadas al mantenimiento de la cohesión y al desarrollo de nuevos proyectos y planes.

Los cambios –que irán consolidándose– significan que se ha dado vuelta la página. Suponen aceptar que la realidad es distinta, y que las formas y estilos anteriores ya no tienen vigencia. Son cambios creativos, que emergen como corolario del proceso que implica una transformación en el sentido del crecimiento. Se desarrollan las estructuras internas del sistema, aumenta la permeabilidad para incorporar la experiencia y aceptar las innovaciones. Resulta notable –y evidente– que los roles y los perfiles requeridos para conducir una situación de crisis son específicos, y surgen con claridad en estos momentos. Se presenta la perentoriedad de un recambio, que compromete perfiles. Estos se relacionan con la posibilidad de contener la incertidumbre, de ejercer una función tranquilizadora –de conducción y guía–, de asumir un liderazgo asertivo que abone la esperanza y dé seguridad, que permita el recorte individual de colaboradores clave, que encierre una visión estratégica amplia y negociadora frente a los problemas, que acepte el trabajo en equipo y la imprescindible colaboración de todos los que conviven en un sistema, etcétera.

Por lejos, el valor agregado fundamental para remontar la crisis de un sistema lo constituyen las ideas innovadoras que permiten superar el estancamiento.

Pero hay que tener claro que las nuevas ideas, las estrategias renovadoras, los nuevos estilos de roles y de liderazgo, así como la creatividad, requieren una transición, un proceso de elaboración a partir del trauma que representa la ruptura. Y este proceso ocurre a través de una serie de etapas que son de transformación, crecimiento y cambio.

El movimiento es imperceptible, los fenómenos y los cambios surgen en forma espontánea. Podemos decir que constituyen verdaderos emergentes del sistema intencional y prospectivo. Para que una organización o comunidad recupere su visión prospectiva, redefina su futuro y reoriente estratégicamente todas las funciones existentes, habrá tenido que superar la desesperanza. Y sus participantes deberán sentirse más valorizados y capaces de merecer un mejor porvenir. Para lograrlo, se necesita una actividad constructiva emprendida colectivamente con vistas a recuperar los límites amenazados durante la crisis. Tal actividad es una forma de adaptación a las circunstancias fluctuantes del ambiente que, en última instancia, terminan fortaleciendo el sistema empresarial u organizacional.

El poder enfrentar con eficacia los problemas vinculados con la adaptación a las circunstancias cambiantes depende de la capacidad de realizar discriminaciones realistas referidas a lo que hay de distinto, lo que ha desaparecido o se ha desactualizado, y lo que es preciso reemplazar. Es decir: lo que es factible encarar para adecuarse a los imperativos o exigencias que marca una nueva realidad.

El cambio de paradigma –que implica reemplazar el preexistente– supone la penosa aceptación de su ineficacia, y la resignación constructiva a la que se llega a través de la resolución de un proceso de duelo. Sin la precondición de elaborar previamente los conflictos y ansiedades propias de las etapas anteriores, no puede esperarse un verdadero cambio creativo.

El concepto de cambio paradigmático viene de Kuhn. Al referirse a las revoluciones científicas, este autor alude al hecho de que siempre se encuentran precedidas por un período de crisis, en el cual se ponen en tela de juicio un conjunto de ideas, conceptos y valores previos, que la ciencia tradicional consideraba siempre como valederos, pero que ya no resultan útiles para resolver los nuevos enigmas y problemas que plantea la evolución de las cosas. La resolución de la crisis coincide con un conjunto de hallazgos y de sistemas nuevos que, al llegar a instaurarse en el sistema social, constituyen un cambio al que denomina paradigmático.[80] El nuevo paradigma permite profundizar el sentido de la crisis y, en particular, de los esquemas de ideas y valores involucrados en las soluciones que él llama revolucionarias.[81] En las ciencias sociales, y en las disciplinas de la organización y el management, el concepto de *nuevos paradigmas* se ha popularizado. Se lo usa muy frecuentemente para referirse a cambios substanciales que involucran una modificación radical de ciertos modelos y concepciones que predominaban en un período previo.

---

80. "Un paradigma es una constelación de creencias, valores, técnicas que comparten los miembros de una profesión y que puede ser descubierto analizando las conductas de tal comunidad." Kuhn, T. S., *op. cit.*
Un paradigma constituye un modelo, una concepción vigente, un sistema ideológico que a su vez está ligado con la emergencia de nuevos métodos e instrumentos, y que permite resolver mejor los enigmas y nuevos problemas que plantean las nuevas realidades. El cambio paradigmático, para el autor, está precedido por un período previo de crisis, de tensión, de inestabilidad e incertidumbre, suscitados porque los problemas no alcanzan a ser explicados ni resueltos por las concepciones o enfoques tradicionales. El cambio creativo que supone un nuevo paradigma representa una manera renovadora, nueva, substancialmente distinta de enfrentar la realidad y de encarar los problemas.
81. Kuhn, T. S., *op. cit.*

La dimensión prospectiva
(temporal) de los cambios

El proceso de cambio involucra una dimensión temporal, pero no se trata del tiempo mecánico al que responde el reloj. En la crisis se presenta una notable alteración de la percepción del transcurrir del tiempo. En el pico crítico, o de catástrofe, la regresión parece ser para siempre. Cuando se instaura la innovación y la creatividad los cambios pueden suceder mucho antes de lo esperado. La esperanza cambia la perspectiva de las cosas e introduce nuevas dimensiones temporales. De manera que la percepción del tiempo es subjetiva en todas las etapas del proceso.

En el presente trabajo se han dado diversos ejemplos de cambios creativos que implicaron la instauración de nuevos paradigmas que representan la culminación exitosa de esta cuarta etapa. Estos cambios siempre fueron sorpresivos y atemporales.

CAPÍTULO 6

PARA SUPERAR LA CRISIS: EJES TEMÁTICOS EN EL ANÁLISIS DE ORGANIZACIONES

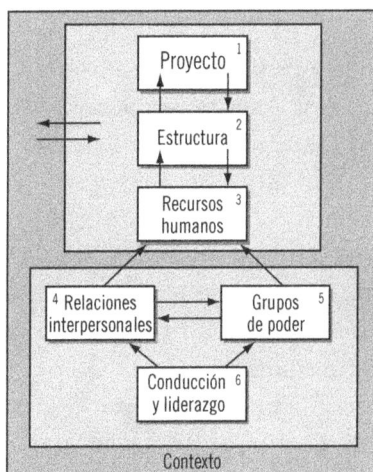

En este capítulo introducimos en el enfoque de nuestro tema una visión pragmática de carácter prescriptivo.

El Análisis Organizacional ha llegado ya –como disciplina– a un estadio de desarrollo que le permite describir un conjunto de acciones y dimensiones que se necesitaría implementar para permitir la consolidación y el cambio creativo del sistema, una vez que este ha atravesado satisfactoriamente las etapas de la transición que el proceso de la crisis involucra. La transformación que puede esperarse debería dar lugar a lo que hemos denominado un cambio "paradigmático", porque representa una actualización del sistema en relación con ciertos parámetros que describimos a continuación. Entramos así –en este capítulo– en el plano de la intervención y del cambio, aspectos estos que hacen a una metodología y una práctica que se terminará de completar en el capítulo siguiente.

Por tratarse de un modelo "ideal", el que se describe constituye una abstracción que surge de considerar un número de casos que luego de haber transitado por un proceso de cambio han podido resolver con eficacia los desafíos que supone una crisis. El modelo ofrece una guía orientadora que marca el camino para recuperar un rumbo, lo cual no significa que deba ser tomado sin la adaptación crítica y específica que cada situación particular supone. Además, por el hecho mismo de ser "ideal", no se pretende que se lo aplique tal cual sino, más que nada, que sea visto como un referente que permite acompañar un proceso de resolución de problemas vinculados con la adaptación a las circunstancias cambiantes de un contexto turbulento.

Más allá de los enfoques fenomenológicos y descriptivos que hasta aquí se han desarrollado para comprender la crisis y la problemática en ella involucrada, es posible y necesario formular ahora un conjunto de proposiciones que se ordenan ante la pregunta: ¿qué debemos hacer para que los sistemas organizativos humanos se organicen en forma efectiva y satisfactoria para sus miembros?

Para que una organización, institución, empresa o comunidad sobreviva, debe seguir siendo viable. Ello requiere que el sistema, mediante el trabajo de diseño que realizan sus protagonistas, comience por redefinir su proyecto y luego su estructura, para poder adaptarse así a las nuevas circunstancias que le plantea su medio ambiente. Esto compromete la creación de un encuadre capaz de contener los ya mencionados conflictos y ansiedades que se generan en las circunstancias descritas.

En el enfoque que aquí se describe se ha optado por convertir en temas de abordaje las dimensiones básicas del objeto para, de esta forma, poder operar sobre ellas. Hemos señalado que el impacto crisógeno desorganiza, desactualiza en varias dimensiones nuestro objeto de trabajo.

El nuevo diseño que se requiere implementar, las soluciones que se imponen, deberán resistir el testeo de la realidad y lograr una coherencia cada vez mayor, en consonancia con las circunstancias externas.

Ayudar a un sistema en crisis significa reconocer que, cuando se produce una ruptura o una discontinuidad, se desactualizan las dimensiones que se describen en este capítulo. Identificarlas y dar una orientación para la implementación de cambios permite operar sobre ellas a fin de conseguir una mayor eficacia.

Debe hacerse una salvedad: la enunciación y descripción de las dimensiones sigue en este capítulo un orden lógico que, a su vez, sugiere una secuencia de pasos a implementar. Esta forma de enunciación tiene un sentido didáctico y señala un método sistemático de etapas identificables que permiten lograr las transformaciones buscadas. La realidad y la problemática específica de cada caso no son siempre tan prolijas ni tampoco se manifiestan en este orden. Aún más: en las etapas iniciales de una crisis, como se describió en el capítulo anterior, predomina la confusión, los conflictos y las ansiedades que no permiten seguir de entrada un procedimiento sistemático. No es posible, tampoco, advertir un orden claro. Cuando encaramos una organización en crisis tratamos de verificar lo que acontece con estas dimensiones, pero en la intervención utilizamos un enfoque "situacional" y nos guiamos por el principio del "emergente". Un diagnóstico correcto implica, así, la necesidad de crear un dispositivo de intervención que permita que el "campo" vaya estructurándose en función de cada problemática específica y, de esta forma, se jerarquicen los temas en relación con lo que cada realidad y las urgencias demanden. Las dimensiones y las etapas sugeridas ofrecen, sin embargo, un modelo para la comprensión, pero este será flexible y deberá permitir que el campo de la intervención se estructure en función de la mencionada dinámica imperante, transmitida por sus protagonistas. La interacción entre el modelo aquí expuesto y la forma en que la problemática va presentándose forma parte de un proceso dialéctico que hace a la estrategia de cambio propuesta, que permite ir encontrando sucesivas síntesis de sentido, las cuales serán siempre sometidas al *feedback* de los actores sociales.

Se aspira, además, a que –en situaciones de confusión y ansiedad– el modelo propuesto opere como un "organizador" que ofrece orientación, sentido y significado a un proceso de cambio. Este enfoque señala un camino prospectivo –en contraposición a uno que acentúe las tendencias regresivas internas– que sirve como un canal de contención y ayuda a estructurar la situación.

Así, la primera actividad recomendada, esencial para orientar un proceso de cambio, es un buen diagnóstico. Ciertamente, este requiere tener diferenciadas con claridad las dimensiones reales del sistema organizativo que se busca modificar. Si las premisas en las que se asienta el diagnóstico no son las correctas, la planificación del cambio equivocará el camino oportuno.

Puede decirse que todo el proceso está orientado a trabajar sobre siete dimensiones significativas que, en su conjunto, determinan las características del sistema y reflejan su realidad interna. Hay que analizar y considerar estas dimensiones para ser capaces de rediseñar el objeto y, con ello, lograr un resultado consistente, que soporte el testeo de la realidad y la turbulencia del ambiente. Las dimensiones propuestas son:

1. El proyecto.
2. La estructura.
3. La gente y su correcta ubicación en la estructura.
4. Las relaciones interpersonales.
5. Los grupos de poder.
6. La conducción y el liderazgo.
7. El contexto.

Adecuar y rediseñar los sistemas para ajustarlos a los cambios requiere tener un panorama de su situación interna en relación con estas dimensiones, a fin de modificar luego cada una de ellas en función de un plan de acción coherente que permita alcanzar la estabilización.

Muchos de los enfoques corrientes en organización y management tienden a parcializarse en algunas de estas dimensiones y, al hacerlo, aportan una visión incompleta y fragmentaria del objeto. Con la descripción de estas dimensiones nos proponemos recuperar una visión de totalidad, no reduccionista ni simplificada.

De manera que la primera actividad recomendada es el análisis específico del sistema en relación con el contexto. Aunque en el listado de las dimensiones el contexto se ubica en último lugar –como muestra la figura–, este aparece como un metasistema que engloba todas las demás dimensiones, otorgándoles significación y sentido. Dada la vigencia de esta dimensión en las crisis actuales, su consideración se impone, pues, desde el comienzo. Cuando cualquiera de las dimensiones se desactualiza a raíz de la crisis, hay que considerarlas nuevamente a la luz de los cambios ocurridos en el contexto, puesto que este –como se dijo– les da perspectiva, significado y sentido a las dimensiones analizadas.

1. El proyecto (estrategia - plan)

Para quien o quienes conducen un sistema organizativo en crisis –lo mismo que para el arquitecto que planea una obra–, el proyecto está primero. Como ya se ha señalado en otras oportunidades, comenzar por el principio es comenzar por el proyecto. Nos referimos a una gama amplia de aspectos que incluyen la estrategia, y que es preciso ir definiendo a partir de la evaluación del ambiente, es decir, del contexto, que para las empresas se denomina mercado. Analizar el proyecto requiere forzosamente –como antes se señaló– mirar el contexto en el que la organización opera, el cual en las situaciones de crisis descritas, fue caracterizado como turbulento. De él surgen las principales amenazas y oportunidades.

El proyecto se corresponde con una dimensión prospectiva, que está en la naturaleza misma de la idea de sistema. El proyecto define el trabajo de la organización; este se dirige siempre al cumplimiento de metas y ello involucra una dirección hacia el ambiente –el mercado– y hacia adelante, el futuro. El vector prospectivo es temporal, se alimenta de la experiencia y compromete un lapso de consumación para arribar a la meta. El proyecto legitima y consolida la intencionalidad de la conducta. La meta final puede ser objetivada, es decir, establecida en términos observables, y es susceptible de ser evaluada en su realización. La meta ofrece la posibilidad de concretar un futuro deseable.

El contexto crisógeno en el que navegan empresas, organizaciones y otras entidades aquí consideradas, desactualiza el proyecto y la estrategia.

Hoy en día, los sistemas en cuestión, para adaptarse, han tenido que redefinir su orientación y, al mismo tiempo, incrementar su capacidad de respuesta a través de una modalidad más proactiva, tendiente al desarrollo de proyectos y

166

a la búsqueda de nuevos posicionamientos. La dimensión prospectiva, por ende, ha sido reconocida por diversos enfoques como estratégicamente importante para remontar una situación de crisis. Como ya lo señalamos, canaliza constructivamente las motivaciones, las ansiedades y los conflictos, evitando una tendencia regresiva y desestructurante.

Mintzberg, que se destaca entre los autores que se ocupan del planeamiento estratégico,[82] señala que una estrategia requiere un plan –o su equivalente– que represente una dirección, una guía o curso de acción orientado al futuro, un camino para llegar a la meta elegida. Este plan ha de surgir de una visión sobre el futuro, y manifiesta una orientación expresada en conceptos, relativa a un posicionamiento que se pretende lograr o afirmar.

Para la formulación de una estrategia, propone el autor ejercitar el análisis de amenazas y oportunidades versus fortalezas y debilidades, recurso que ha conocido divulgación a partir del desarrollo que tuvo la orientación del planeamiento estratégico. Observa que una determinada estrategia realizada emerge de la consideración analítica de varios aspectos implícitos –latentes–, y de necesidades específicamente formuladas, cuya resultante es la que, por último, se legitima y oficializa. Esto significa que desde el punto de vista de este vector intencional del plan que marca la orientación de un sistema, en el análisis situacional de un caso concreto pueden encontrarse proyectos en ciernes que representan vectores determinados por: a) necesidades latentes, provenientes de los protagonistas, no necesariamente asumidas pero que determinan la conducta; b) proyectos manifiestos que se intenta realizar con mayor o menor

---

82. Mintzberg, Henry, *The Rise and Fall of Strategic Planning*, New York: The Free Press - Macmillan, 1994.

éxito; y c) una resultante o estrategia emergente, que es la que la realidad total, incluido el relevamiento del contexto, permite advertir como necesaria.

El análisis y determinación sistemática de la estrategia requiere, por una parte, detectar y describir esta triple perspectiva y, por la otra, abrirse hacia el contexto, fuente inagotable de oportunidades, pero del que también se derivan singulares amenazas. Hay una segunda lectura que es preciso realizar y que lleva a mirar hacia la realidad interna y evaluar las fortalezas y debilidades del propio sistema. Cuando Mintzberg habla del interior de cada sistema destaca:

1. la estructura,
2. los sistemas y procesos,
3. la dotación humana, las personas –y sus capacidades– que ocupan posiciones concretas,
4. los recursos materiales y otros recursos.

Todo esto es parte de lo que dio en llamarse –en planeamiento estratégico– "análisis de fortalezas y debilidades", o "análisis FODA".

Tal análisis supone que la formulación de la estrategia se produce a través de un proceso que busca la articulación entre: a) factores externos, eventos o circunstancias que desactualizaron los planes y las estrategias, y b) factores internos –los antes mencionados–, que corresponde considerar para que el proyecto sea realista y para recuperar la congruencia. Esto surge tanto de la continuidad como de la ruptura con el pasado, e implica renovar las soluciones ya consabidas.

Evaluar el ambiente o contexto en el que se desenvuelve el sistema constituye, pues, una actividad previa al planeamiento.

Por ello, la valoración de las necesidades de los clientes, usuarios o público en general, la capacidad de dar respuesta a las nuevas demandas, constituye una dimensión privilegiada para el análisis. Este enfoque ayuda a adaptarse a las necesidades y a los cambios en forma flexible.

A medida que el contexto tiende a globalizarse, requiere una visión cada vez más amplia que incluya variables, acontecimientos y datos que operan en el medio ambiente mundial. El contexto también exige excelencia, calidad, competitividad e innovación para satisfacer las demandas y las necesidades de la comunidad, de la clientela, del segmento de mercado al que se dirige el proyecto (segmento habitualmente llamado *target* en la terminología mercadológica). Por ejemplo, perfilar en forma precisa y correcta el segmento del mercado al que se dirige una empresa forma parte de un ejercicio de eficacia para afinar la puntería. *Target* identifica en inglés al blanco (del tiro al blanco), y la estrategia constituye el arco, la flecha que, fusionada con el arquero a través de un planteo coherente y de una formulación creativa, permitirá lograr los aciertos buscados. Esta metáfora surge del libro *El zen en en el arte de tiro con arco*, donde Eugen Herrigel describe el proceso, inspirado en la orientación del título, que requiere una práctica exitosa. Como el mismo título deja entrever, la estrategia está más en el campo del arte que en el de la mera técnica.[83]

La orientación al cliente es lo que prevalece en las tendencias actuales en materia de estrategias empresarias. Siguiendo la nueva realidad que plantea el contexto y el mercado, la relación con el cliente está primero. Aquí, empero, al hablar de clientela no nos referimos exclusivamente a la de las empresas, sino también a la de diversas instituciones, agencias u organizaciones de la comunidad cuya razón de ser radica en brindar servicios, ofrecer y recibir

---

83. Herrigel, Eugen, *El zen en el arte del tiro con arco*, Buenos Aires: Kier, 1993.

contribuciones a/de una audiencia o comunidad de usuarios. Dada la importancia de la aceptación del cliente, el público o la audiencia externa en la determinación del éxito o fracaso de un proyecto o plan, el análisis de esta relación ha concitado una consideración prioritaria. De esto se ocupan la mayoría de las orientaciones vinculadas con la calidad total y la satisfacción del cliente.

Prosiguiendo con esta tendencia, cabe afirmar que todo plan estratégico actual incluye, como dimensión privilegiada, la satisfacción del cliente o usuario y la calidad del servicio. A gerentes profesionales, directores, funcionarios, se les asigna la responsabilidad de mejorar estas dimensiones estratégicas, y se los evalúa en función del cumplimiento de tal objetivo. La empresa o agencia estatal, hospital o escuela existen porque existe un público al cual se dirigen, y en este hecho se basa la racionalidad del sistema. Si este principio no se cumple, la organización se hace ritualista, se apega a los procedimientos y a las normas, da la espalda a la clientela y a los requerimientos provenientes del contexto, descuidando su propósito esencial. Desconocer la demanda y los cambios que se producen en las necesidades de la clientela, se convierte en un factor de rigidez. En momentos de crisis se requiere, en cambio, flexibilidad para reconocer las tendencias cambiantes de la demanda. Los líderes gerenciales y empresarios exitosos son aquellos que tienen la capacidad de realizar una lectura actualizada de los nuevos códigos que marcan los tiempos y de transformar esta lectura en propuestas de servicios, productos o negocios consonantes con ellos que, al serlo, recibirán el beneplácito de la aceptación que determina el éxito.

El contexto constituye un dato. Al sistema se le presenta el imperativo de adaptarse a él; para ello necesita conocerlo, a fin de ubicarse y posicionarse de manera efectiva.

El planeamiento estratégico es responsabilidad del equipo de dirección o del ejecutivo principal que lo formula, y que realiza este ejercicio junto con su equipo de colaboradores inmediatos y el directorio. Compromete un trabajo de colaboración. Requiere consulta, participación e involucración de un grupo relativamente reducido de conducción. Necesita la aprobación del directorio, que es quien lo legitima, y ser luego consensuado por el resto de los miembros de la organización a través de un proceso de participación e involucración que asegurará el compromiso generalizado.

Para comenzar, deberá definirse la misión inserta en la visión particular del ejecutivo principal y del grupo directivo. Se requiere también explicitar los valores que darán identidad y que marcan aquello con lo que el sistema se compromete, puesto que gran parte de la crisis actual es de valores.

ESTRATEGIA

Orientación al contexto y al futuro

- Misión.
- Visión.
- Posicionamiento.
- Portfolio de negocios.
- Valores.

La consistencia de las orientaciones valorativas es un determinante fundamental de la solvencia, integridad y transparencia del sistema. Muchas agencias públicas, organismos de gobierno, y otras entidades o empresas orientadas a dar servicios a la comunidad, adolecen de una falta de credibilidad de parte del público. En esto reside también la dificultad para remontar la crisis. La credibilidad, basada en la confianza, es un valor fundamental, y se fortalece cuando el código de valores de la organización está clara y explícitamente formulado. La definición de algunos conceptos básicos que se ofrecen a continuación está destinada a perfilar con claridad la tarea y el sentido del planeamiento.

Por misión se entiende la orientación más amplia, la esencia del propósito por el cual la organización existe y cuya definición se formula en términos conceptuales que otorgan identidad y sentido. El cumplimiento de la misión compromete una perspectiva de largo plazo que, en las grandes corporaciones, puede extenderse a un horizonte de veinte años, o más.

La misión está encuadrada en la visión, que constituye un marco orientador sobre las condiciones actuales y futuras que las figuras de liderazgo poseen. Forma parte de una percepción anticipatoria, referida a neccsidades actuales y potenciales de la audiencia externa que conforman una demanda presente o a futuro y que contribuyen a modelar la misión y a determinar las metas: negocios, proyectos o servicios.

El plan conlleva a su vez la definición de un portfolio de negocios que marca el área de actividades a las que el sistema va a dedicarse, de las que se derivarán sus recursos futuros. El plan o portfolio de negocios permite establecer con claridad lo que está incluido y lo que queda afuera; es lo que permite luego hacer foco en metas determinadas, definidas con anticipación.

Al mismo tiempo, un plan global implica la formulación de planes específicos para cada uno de los roles que conforman las funciones especializadas de una organización. En una empresa, estas funciones se encuentran a cargo de las gerencias especializadas de área: producción, comercialización, tecnología, investigación y desarrollo, administración y finanzas, recursos humanos, etcétera. La planificación integrada y alineada en cascada forma parte de un procedimiento específico que hace a la tarea de gerenciar, dirigir, conducir, liderar. Como ya hemos señalado, tanto el plan global como los planes a cargo de cada una de las áreas especializadas o de cada una de las unidades operativas, tiene como eje un horizonte de planeamiento que le fija un objetivo temporal o un tiempo de consumación. El plan global de una gran organización es de largo plazo. Los proyectos que involucran reestructuración y desarrollo apuntan siempre a un mediano plazo. Los planes más específicos de las áreas se ordenan también a través de horizontes temporales, pero más cortos. Todo ello se articula, coordina, alinea bajo el liderazgo de un plan abarcativo.

Las metas constituyen la traducción operativa de la misión. Representan la definición concreta de los objetivos, lo que facilita su consecución, a la vez que permite su medición y evaluación. El plan define un conjunto de metas estratégicas, para cada una de las cuales se definen objetivos que implican el *qué*, el *cuánto*, el *cómo* y el *para cuándo*. Este "para cuándo" de los proyectos y planes es muy importante, aunque muchas veces se lo desconozca o no se lo tenga suficientemente en cuenta. Durante las crisis, los planes se vuelven más inmediatos y se centran en lo urgente. Los planes en general bajan en cascada a través de una serie de asignaciones de tareas que permiten lograr un alineamiento de todos los individuos involucrados en la estrategia.

Asignación de tareas[84]

Asignar una tarea es especificar el requerimiento del logro de un resultado en términos de calidad y cantidad, dentro de un plazo determinado, con los recursos apropiados y dentro de límites prescritos.
Es establecer objetivos en términos de CCT/R (cantidad - calidad - tiempo/recursos).

---

84. Jaques, Elliott, *La organización requerida, op. cit.*

Los procesos de planificación y de asignación de tareas están, como puede apreciarse, muy ligados entre sí. Cuando se realizan apropiadamente se convierten en una fortaleza del sistema de autoridad y favorecen la asunción de responsabilidades y la rendición de cuentas, principio orientador fundamental que otorga credibilidad y efectividad al sistema.

Proceso de asignación de tareas

Recomendaciones

1. Partir de un plan claro.
2. Fijar el contexto. Explicar qué y por qué.
3. Integrar opiniones. Trabajar en equipo. Buscar consenso.
4. Formular las tareas en términos de cantidad, calidad y tiempo dentro de recursos CCT/R.
5. Establecer modalidad y frecuencia de seguimiento.
6. Explicitar compromisos mutuos para cada uno de los roles que componen el sistema.

Como reiteradamente se ha señalado, puesto que el "para cuándo" de la planificación y del cumplimiento del objetivo es una cuestión particularmente significativa, la visión ordenadora en términos temporales es muy importante, ya que planificar representa, en última instancia, la coordinación en cascada de todos los planes y tareas en función de la dimensión temporal de la estrategia global.

Horizonte temporal del rol

Nivel de trabajo[85]

- Peso de la respondibilidad.
- Complejidad.
- Tamaño del rol.

- Tiempo de realización de la tarea más larga.
- Distancia temporal de la meta.

---

85. Jaques, Elliott, *La organización requerida, op. cit.*

En contextos cambiantes y crisógenos como los actuales, parece que pensar en plazos largos constituye una utopía. Está muy difundida la tendencia a suspender la planificación. Sin embargo, anticipar el futuro se hace absolutamente necesario. Dada la variabilidad del ambiente y de las condiciones externas, predecir fehacientemente el futuro requiere la consideración de escenarios alternativos en paralelo: de esta forma, el planeamiento se torna más realista. En lugar de dejar de pensar en los plazos largos, lo que se necesita es revisar periódicamente lo planificado, dentro de una perspectiva que implique una "visión amplia". Por ende, en la crisis el planeamiento no debería suprimirse. Este se hace más complejo.

De una buena estrategia se deriva luego un portfolio coherente de proyectos y planes de acción, a partir de los cuales se definen actividades para incursionar en forma efectiva en la comunidad nacional e internacional, en un tiempo determinado.

El proyecto constituye un producto creativo que exige innovación y que encierra una propuesta de cambio. Por eso se consolida en una etapa de resolución de la crisis, donde la creatividad se convierte en el rasgo predominante.

Si se expresan en términos de recomendaciones las conclusiones de este punto, es posible sintetizar las siguientes, destinadas a la realización del ejercicio de planificación estratégica:

- Establecer responsables claros.
- Realizar reuniones conjuntas de libre discusión. Realizar un análisis FODA, evaluando el contexto.
- Revisar la experiencia para aprender de ella.
- Formular un plan para cada unidad operativa que afiance el compromiso.
- Dar a conocer el/los plane/s. Discutirlo/s ampliamente.
- Establecer planes en función de escenarios alternativos.
- Fijar en cascada objetivos y asignar tareas.

Se sintetizan a continuación algunas premisas relativas al proyecto y a la estrategia.

- El proyecto y la estrategia –en el caso de empresas o de agencias gubernamentales, escuelas, organizaciones de salud– son responsabilidad de la dirección, pero comprometen un área de responsabilidades compartidas. El equipo de dirección ampliado (director y colaboradores directos a los fines de la realización del plan) funciona para estos fines como un cuerpo colegiado.
- Al ejercicio de planificación estratégica se llega en las etapas más evolucionadas del proceso de transición que representa la crisis –cuarta etapa según las descritas en el capítulo precedente–. En las anteriores, los involucrados están inmersos en una problemática que les impide ver la realidad en términos de prospección.
- El ejercicio de planificación estratégica es fructífero y constructivo cuando no se realiza en forma ritual, o en razón de que lo impone la moda.
- Representa el fortalecimiento de un proyecto interno que ayuda a contener y canalizar ansiedades en un sentido constructivo. Ayuda a configurar un factor organizador que favorece el crecimiento y el desarrollo.
- La estrategia se integra con el trabajo de un directorio que debe aprobarla, y que también aporta su visión sobre el objeto al que la empresa, agencia o institución habrá de dedicarse, y sobre los emprendimientos y negocios que está dispuesto a respaldar. En el caso de asociaciones o de grupos de socios cooperativos, la estrategia se define participativamente entre aquellos que comparten la responsabilidad de conducir.

- El proyecto incluye una dimensión temporal que se orienta hacia el futuro, pero proviene del pasado, con arraigo en la experiencia. Un buen proyecto implica haber aprendido de la experiencia para –de esta forma– evitar los errores consabidos. El proyecto está encuadrado en una gradiente temporal: pasado - presente - futuro.
- La estrategia compromete un horizonte de largo plazo que le da sentido y profundidad. Cuanto más grande, diferenciada e internacional es la organización o la institución de que se trata, mayor es la complejidad de los problemas que debe resolver, y mayor es el horizonte temporal que el plan estratégico debe contemplar. Cuando hablamos de horizonte temporal, aludimos a metas concretas que tienen que cumplirse a dos años, cinco años, diez años, quince años, veinte años o más. Los períodos acotados no son arbitrarios, están asociados con cambios cualitativos de las tareas o proyectos involucrados en los horizontes temporales mencionados. Es bueno contar con metas definidas a largo plazo, aunque la turbulencia del contexto obligue a reevaluarlas y a redefinirlas con una frecuencia mayor a la normal.
- Un contexto turbulento como el actual requiere constantes adaptaciones y modificaciones a circunstancias coyunturales. Esto obliga a ocuparse preponderantemente del corto plazo y de una estrategia defensiva, en la medida en que se ve comprometida la subsistencia misma de muchas organizaciones, instituciones y empresas. Pero abandonar el largo plazo siempre equivale a bajar la puntería y quitarle dimensión al proyecto. Los empresarios y muchos funcionarios o

directivos de instituciones diversas, aluden a la imposibilidad de planificar y predecir más allá de lo inmediato. La ausencia de proyectos innovadores de largo plazo se ha erigido en un déficit frecuente. En contextos turbulentos o recesivos, la planificación es aún más necesaria. De ella resultarán las soluciones realmente innovadoras, que agregan valor y permiten capitalizar la crisis. Para ello, hay que aguzar la imaginación. Sin planes de largo alcance no hay forma de introducir un cambio profundo y duradero que modifique seriamente las condiciones actuales.

- Existe una correlación positiva entre el horizonte de planeamiento expresado en una dimensión temporal y el nivel de capacidad del ejecutivo principal y/o de su equipo de colaboradores directos. Toda organización o empresa crece hasta el nivel que le permite su ejecutivo principal, institución o equipo de conducción (principio de Arquímedes [E. Jaques]). Así, el factor preponderante que determina el crecimiento, la contracción o la estabilidad depende, por lejos, del techo que le fija la capacidad de innovación y la creatividad del ejecutivo principal y su equipo. Esto es válido también para los organismos públicos y para los gobiernos. Por lo general, el talento es un recurso escaso, y por ello constituye un factor estratégico fundamental en una situación de crisis.[86]

---

86. Elliott Jaques (*La organización requerida*, *op. cit.* cuarta parte, sección 4) formula lo que ha denominado "el principio de Arquímedes de la organización", remedando la ley que expresa que "las aguas buscan su propio nivel". Esto alude a un aspecto vinculado con la capacidad individual del ejecutivo principal, que se transforma en uno de los factores fundamentales de crecimiento de la organización.

2. La estructura

CAMBIO de ESTRUCTURA
(Empresas - organizaciones de la sociedad civil - agencias de gobierno)

Una vez definida la estrategia, se necesita implementarla a través de una estructura organizativa, establecer el sistema de roles para operacionalizarla. La estructura –señala Peter Drucker–[87] sigue a la estrategia. Esta es prioritaria, pero no por eso la estructura es menos importante. Para ser funcional y flexible, la estructura debe estar alineada con la estrategia. Establecer la estructura correcta constituye el nuevo paso fundamental en el proceso de cambio. La estructura implica un segundo factor organizador fundamental para encauzar el sistema y convertirlo en un buen continente para sus miembros.

En el análisis de una organización en crisis, la estructura constituye una dimensión estratégica fundamental.

Para formular la estructura correcta, nos valemos de una metodología que supone la existencia de cuatro formas

---

87. Drucker, Peter, *Tareas, responsabilidades y prácticas*, Buenos Aires: El Ateneo, 1973.

distintas de organización coexistentes para un caso particular en un momento dado:

1. *La organización manifiesta*: es la que figura en el organigrama oficial y en el manual de funciones.
2. *La organización supuesta*: es la que presumen acerca de los roles y su funcionamiento, las personas involucradas.
3. *La organización existente*: es la que efectivamente funciona y que puede ser relevada a través de una indagación sistemática, a través del análisis de roles.
4. *La organización requerida*: el patrón de roles, estratos y funciones que son necesarios, así como las relaciones entre roles, líneas de dependencia y autoridad –quién depende de quién–, que permiten que el sistema opere en forma correcta.[88]

Se comienza relevando la estructura y organización existente para inferir, a partir de ella, la estructura y organización requerida.

La metodología utilizada para rediseñar la estructura se basa en el análisis de los roles que componen el organigrama –tal cual figura en los diagramas de organización–, a fin de determinar el contenido prescrito y discrecional, las asignaciones principales, la red de interrelaciones, líneas de dependencia y sistema de autoridad del conjunto de roles evaluados.

---

88. Jaques, Elliott, *La organización requerida, op. cit.;* tercera parte: "Estructura organizativa de las JTG".

Rediseño de la estructura

Formal	Presunta
Existente	Requerida

Objetivos:
- *Relevar la organización y estructura existente.*
- *Definir la organización y estructura requerida.*

Como hemos señalado en otros trabajos, Jaques describió un método para el análisis de roles que comprende evaluaciones en términos de *time-span*. Este instrumento ofrece un procedimiento objetivo para determinar la ubicación del rol en la estructura. A través del recurso simple de averiguar quién depende de quién, y quién es responsable de qué cosas, vamos reconstruyendo la red de relaciones. Primero, las de dependencia jerárquica y luego, las funcionales y colaterales. Podemos encontrarnos con distintas versiones, confusiones o contradicciones que ilustran situaciones que van a contrapelo de lo que se necesita. Por otra parte, los entrevistados dejan entrever qué es lo que se requiere para que el sistema funcione mejor. O en qué se han desactualizado las estructuras a raíz de los cambios en el contexto/mercado.

El instrumento que permite indagar acerca de las propiedades de estas entidades denominadas roles, a través del análisis sistemático, es entonces el *time-span*. Este corrobora un dato verificable, que es el horizonte temporal de la tarea más larga. Este dato es de sumo interés puesto que, como surge de un nutrido cuerpo de investigaciones, existe una correlación entre el *time-span*, la complejidad del rol y la respondibilidad involucrada.

181

La evaluación sistemática de todos los roles que componen una estructura determinada permite arribar a una definición objetiva de los estratos ejecutivo-jerárquicos existentes, y de los requeridos. Los estratos expresan niveles de complejidad y gerenciales que operan en una organización determinada.

En las situaciones de crisis, el análisis de roles constituye una *via regia* para adentrarnos en los problemas de la estructura. Ubicado el nivel del rol –y este dentro de la red de roles–, el analista está en condiciones de obtener información valiosa acerca de la organización y su estructura, que le permite reconocer una variedad de perturbaciones funcionales que afectan el trabajo por realizar. En otros trabajos se explicita más detalladamente este enfoque particular para el análisis de una organización.[89]

Cuanto mejor diseñada esté la estructura, y cuanto más acotados sean los estratos ejecutivo-jerárquicos que agregan valor al trabajo global de la organización, en mejores condiciones se encontrará esta para enfrentar los problemas que le plantea la adaptación al medio o mercado.

En las organizaciones ejecutivo-jerárquicas, la efectividad se sustenta en el principio de responsabilidad delegada –*accountability*– por el cual el gerente debe rendir cuentas no sólo por su propia efectividad, sino por los resultados de los funcionarios que tiene a su cargo y por la constitución y mantenimiento de equipos eficaces de trabajo. Este concepto implica, entonces, rendición de cuentas. El término responsabilidad, del cual surge el concepto, es demasiado general y está supeditado a una disposición de naturaleza individual y moral. El concepto de respondibilidad,

---

89. Ver: Jaques, Elliott, *Time Span Handbook*, London: Heinemann Publications; Jaques, Elliott, *La organización requerida, op. cit.;* Schlemenson, Aldo, *La estrategia del talento*, Cap. 4: "La estructura", Buenos Aires: Paidós, 2002.

en cambio, tiene un sentido organizativo más preciso e introduce un cambio cultural significativo en nuestras organizaciones,[90] en especial en aquellas que se basan en el sistema ejecutivo jerárquico. Tanto el término *accountability*, usado en inglés, como su traducción al español, "respondibilidad", corresponden a un significante acuñado especialmente, por carecer ambos idiomas de un término que sintetice el concepto.

En el Capítulo 1 ya se hizo abundante referencia al cambio cultural que representa en un organismo público, por ejemplo, introducir dentro del sistema gerencial el empleo sistemático de este concepto. Fue propuesto dentro de una estrategia más amplia, destinada a encuadrar la discrecionalidad dentro de normas éticas.

Respondibilidad en roles de conducción/gerenciamiento

Objetivo: reforzar el liderazgo, el compromiso y el cumplimiento de objetivos.

El director, gerente o jefe rinde cuentas por:

- *Su propia eficacia.*
- *El resultado y la conducta de sus colaboradores directos.*
- *El ejercicio del liderazgo gerencial.*
- *La constitución y mantenimiento de equipos de trabajo eficaces.*

Además, vale la pena consignar que un gerente, para poder hacerse cargo de su respondibilidad, necesita contar

---

90. Jaques, Elliott, *La organización requerida, op. cit.*

con un respaldo y una autorización para actuar, muy específica; tener una cuota de autoridad mínima que lo faculte a seleccionar, evaluar y –eventualmente– desafectar a sus colaboradores directos si considera que no puede responder por el resultado de ellos.

Autoridad necesaria
para conducir colaboradores:

El director, gerente o jefe tiene autoridad para:

- *Vetar la selección de un candidato que considera incompatible.*
- *Asignar tareas.*
- *Evaluar la efectividad.*
- *Iniciar la remoción del rol.*

En relación con el principio de autoridad y el establecimiento sólido de los roles, corresponde investigar el grado y la claridad con que estos se encuentran funcionando en el sistema. Si la autoridad no está clara –al igual que las respondibilidades y las tareas delegadas– no estarán dadas las condiciones para lograr una estructura organizativa en la que gerentes, directores, jefes y otros cargos formales puedan hacerse respondibles y cumplir las asignaciones con eficacia.

Una estructura con líderes, gerentes y jefes que poseen respondibilidades claras, favorece la transparencia que se necesita para ganar la credibilidad del público. Como antes se ha señalado, esta dimensión adquirió en ciertos momentos una relevancia significativa. Si se busca lograr un mayor grado de credibilidad en las instituciones, es preciso tratar de establecer y hacer cumplir este principio, ya que asegura el grado de involucración y pertenencia necesario para que los miembros actúen en forma efectiva.

Algunas conclusiones acerca de la estructura:

- En las organizaciones ejecutivo-jerárquicas, la introducción del principio de la responsabilidad por la que se rinde cuentas (respondibilidad) constituye una decisión estratégica y de política importante. Hoy, cada vez más, se está tomando conciencia de la importancia estratégica del factor gerencial. El buen liderazgo gerencial –más que el conocimiento técnico vinculado con la tarea– constituye el factor que es preciso poner en vigencia a fin de que las organizaciones adquieran la eficiencia y eficacia que los tiempos y las condiciones reclaman.
- La organización debe dar definiciones claras de lo que entiende por gerente, jefe o funcionario, y formular las prácticas y procedimientos que sostengan estas definiciones. La sanción de una política oficial para este propósito constituye una táctica fundante.
- Las estructuras tradicionales basadas en la organización por funciones y la superespecialización tienden a generar compartimientos estancos que deben flexibilizarse a través del trabajo en equipo y de la integración colateral de los roles para entrelazar las diversas funciones, sin que se vea afectada la respondibilidad gerencial.
- La estructura, como esquema de diseño, se organiza en dos dimensiones: la vertical, compuesta por una cantidad de niveles ejecutivos necesarios, y la horizontal, referida a las relaciones de trabajo colaterales que interconectan las diversas funciones entre sí.
- La cantidad de niveles ejecutivos –estratos– constituye un dato estructural básico. El número adecuado permite manejar la complejidad y el tamaño, y ofrece una estructura de delegación en la que en

cada nivel existe un rol claramente establecido. La jefatura o la conducción se ubican en el estrato superior contiguo al de sus colaboradores directos, y la distancia correcta entre tales estratos les asegura un horizonte de planeamiento autónomo, cómodo y efectivo.

- En la práctica, suele producirse una proliferación injustificada de estratos requeridos, lo que deriva en la existencia de jefaturas o gerencias innecesarias. En tales casos, el rol superior no representa una verdadera instancia de autoridad y de resolución de problemas, y ello quita flexibilidad y transparencia al sistema total. A esto aluden la mayoría de los expertos cuando postulan la necesidad de achatar las estructuras.

- Otra anomalía se presenta cuando roles que deberían ejercer un liderazgo gerencial o de jefatura pleno no cuentan con la autoridad mínima necesaria, es decir, cuando no se encuentran suficientemente jerarquizados y reconocidos en la discrecionalidad que deberían manejar, y en la cuota de poder que deberían tener para dirigir en campo los programas y el cumplimiento de las metas.

- La estructura incluye también el organigrama, a partir del alineamiento funcional que surge de las funciones básicas de la organización.

- Para determinar la organización requerida con respecto a los roles, funciones e interrelaciones, es necesario partir de la organización existente, que señala cómo se comporta la estructura en el presente en todos los sentidos descritos: cantidad de niveles necesarios e innecesarios, claridad en las líneas de dependencia y relaciones de autoridad, superposiciones, integración colateral o su ausencia, etcétera. La organización existente provee la clave. A través del análisis de las inconsistencias, contradicciones, superposiciones y dificultades que se presentan, surge lo que se necesita.

El esquema siguiente sintetiza las principales sugerencias referidas al tema de la estructura.

ESTRUCTURA
Rediseño

Objetivos
- Analizar roles. Ordenar según horizonte temporal.
- Relevar la organización y estructura existente.
- Definir la organización y estructura requerida.
- Eliminar niveles innecesarios, agregar niveles faltantes. Definir estratos correctos.
- Establecer las relaciones entre roles necesarias.

3. Recursos humanos: la gente y su correcta ubicación en la estructura

Fortalecer las organizaciones frente a las inclemencias de los tiempos implica –necesariamente– ocuparse de la gente. Para manejar los nuevos desafíos, la competencia dura, la complejidad, el cambio, la incertidumbre y el conflicto, se necesitan personas con las capacidades y competencias necesarias, motivadas y con un sólido sentido de pertenencia. Esto requiere nuevos enfoques, sin precedentes, y figuras de liderazgo que tengan en cuenta y sepan diferenciar las contribuciones individuales para seleccionar y alentar a aquellos que pueden realizar una contribución significativa. La conducción orientada en este sentido podrá instaurar el principio del mérito, que, además de políticas, procedimientos y tácticas específicos de recursos humanos, requiere de una mirada sensible, todo ello enderezado hacia la administración del talento.

La ubicación correcta de las personas –funcionarios y empleados– en los roles disponibles determina que la capacidad individual sea aprovechada a pleno y que las posibilidades de desarrollo se vean alentadas. Tener en cuenta a la gente constituye una intención difundida, pero su implementación efectiva requiere un trabajo sistemático y constante que debe estar a cargo de líderes y gerentes asistidos por especialistas.

Los individuos que forman parte de una organización son sensibles al trato que de ella reciben. Aspiran a desplegar plenamente sus potencialidades individuales, a recibir una retribución justa, acorde con lo que sienten que aportan, y también a ocupar un lugar significativo que les permita que sus opiniones, intereses y motivaciones sean tenidos en cuenta.

El aprovechamiento correcto del talento disponible y su distribución en los roles organizacionales clave constituyen un objetivo de importancia principal. La falta del correcto aprovechamiento de los talentos individuales se erige en factor de insatisfacción y de drenaje de energía, que contribuye a crear un clima desfavorable.

El desafío consiste, entonces, en diseñar sistemas –comúnmente llamados "de recursos humanos"– que contemplen a la gente y sus necesidades fundamentales.

Arraigados en el sistema ejecutivo, es decir, como parte de las estrategias de gestión a cargo de líderes gerenciales idóneos, los sistemas de recursos humanos deberán promover el equilibrio necesario entre tres variables fundamentales: nivel del rol, nivel de capacidad del empleado o funcionario, y nivel de la retribución percibida. A esto se denomina "condiciones de equilibrio psicoeconómico". Jaques se refiere a este equilibrio.[91]

---

91. Jaques, Elliott, *Equitable Payment,* London: Heinemman Publications, 1961.

Equilibrio psicoeconómico básico

La satisfacción personal y el sentimiento de equidad son función del equilibrio de tres variables:

$$\boxed{\text{Nivel de capacidad}} = \boxed{\text{Nivel de trabajo}} = \boxed{\text{Nivel de pago}}$$

La capacidad individual debe coincidir con la complejidad (nivel) del rol que se ocupa y con la retribución que se percibe.

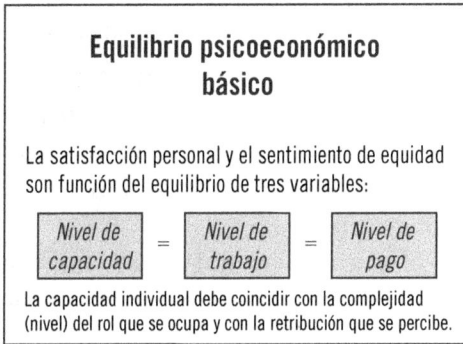

De acuerdo con el cuadro anterior, estas tres variables se equiparan, el resultado es un estado de satisfacción, tranquilidad y efectividad individual, que trae aparejada la experiencia de estar trabajando en una organización que contiene al individuo, en contraposición con la que lo margina o desatiende.

En las organizaciones complejas, el área de recursos humanos diseña y lidera –para el sistema organizativo global– los sistemas básicos que permiten cumplir con los propósitos enunciados. Al diseñar dichos sistemas se parte de la premisa que señala que definir la estructura constituye una prioridad. Para ello, es preciso ubicar los estratos requeridos y tener clasificados los roles dentro de ellos. El mantenimiento de la correspondencia entre dos conjuntos –capacidad y complejidad de los roles–, es decir, que la capacidad individual esté alineada con la complejidad de los roles laborales que se ocupan, constituye una tarea gerencial de prioritaria relevancia.

Los tres sistemas básicos destinados a la evaluación de la capacidad son:

a) el sistema de evaluación del potencial,
b) el sistema de evaluación de la efectividad,
c) la estructura salarial equitativa.

189

Esta última responde a la escala de pagos alineada con los estratos ejecutivos y con los diferenciales de complejidad de las tareas que han de realizarse en los roles ubicados en ellos. Forma parte de una estructura interna que se necesita tener para poder dar a los puestos un reflejo en la retribución y, a la vez, poder diseñar un sistema de reconocimiento por méritos.

El sistema de evaluación del potencial, también llamado "de evaluación del *pool* de talentos", se propone evaluar el talento, la posibilidad de desarrollo, el nivel máximo de capacidad potencial de cada uno de los miembros, comenzando –en cascada– por los niveles superiores.

La *capacidad potencial* se manifiesta en el nivel más alto de abstracción en que una persona puede trabajar en una tarea que valore, y para la cual posea la suficiente destreza cognitiva. Descansa en el supuesto de que los talentos básicos de un individuo –dentro de los cuales su capacidad potencial es relevante– son fundamentales para determinar el nivel actual de su desarrollo personal, más allá de los conocimientos específicos y de la experiencia que posea.

El sistema de evaluación de la efectividad también se funda en un juicio global formulado por un gerente, que enfoca la capacidad aplicada actual de un empleado y que se manifiesta en su rendimiento laboral durante un período determinado. El reconocimiento de los méritos que surge de la evaluación es esencial para el buen funcionamiento del sistema. Es deseable que este reconocimiento tenga incidencia en la remuneración que percibe el empleado. Como puede apreciarse, la evaluación de la efectividad forma parte de la responsibilidad del gerente directo, quien de esta forma asume un aspecto muy importante de su liderazgo gerencial. Además, este sistema refuerza la autoridad del jefe, al hacerlo responsible final por la evaluación. El proceso abarca la asignación sistemática de tareas, el seguimiento constante y la evaluación permanente, acompañados por el ejercicio del *coaching*.

Evaluar es formular un juicio. Y todo director, empresario, gerente o jefe está preparado para realizar dicho juicio, dado que se halla en condiciones de apreciar con precisión la capacidad de sus empleados. Los sistemas y procedimientos de recursos humanos permitirán a los líderes, gerentes y jefes formular sus juicios evaluativos en un lenguaje organizacional, articulado y compartido.

La evaluación del potencial constituye el primer paso para comenzar el desarrollo individual y de carrera.

El sistema de retribución que se apoya en la escala de retribuciones equitativas constituye un tercer gran pilar del modelo necesario para reconocer el aporte individual que hace al pago que se recibe en el trabajo, componente esencial de la motivación individual. La experiencia indica que el sentimiento de pago justo o equitativo se configura a partir de comparaciones intuitivas que realizan los miembros al chequear su aporte y el de los demás, según la consideración de las tres variables mencionadas: capacidad, nivel de trabajo y retribución.

Se suelen encontrar también, en relación con las escalas retributivas, situaciones que llamamos *de compresión*. Estas se presentan cuando dos posiciones –una de mayor nivel de respondibilidad que la otra– no se encuentran lo suficientemente diferenciadas en términos salariales, o se hallan demasiado cercanas entre sí en relación con el diferencial de pago que reciben. Cuando una posición no está suficientemente reconocida en cuanto a la relación del pago percibido con la respondibilidad efectivamente ejercida, se produce una situación que no motiva al ocupante del rol sino que, por el contrario, lo invita a emigrar de la organización apenas se le presente una oportunidad superadora. La compresión de pagos en los niveles superiores constituye una falencia que acarrea el drenaje de talentos de la organización. La determinación de una escala salarial equitativa no es difícil de realizar: requiere estudios previos relativos a la evaluación de los roles para establecer los estratos organizativos.

4. Relaciones interpersonales.
La dimensión vincular intersubjetiva

La existencia de un proyecto y de una estructura que señalan la orientación y los límites de los roles del sistema da marco y forma a un proceso dinámico donde están involucradas personas, con sus vivencias, motivaciones, necesidades y deseos, su individualidad y modo de relacionarse. La escena se configura por la convivencia y la pertenencia a una entidad que vincula a las personas, las que, de esta forma, se hallan unidas por una finalidad común. Se necesita que esta convivencia sea suficientemente armónica como para poder mantener la integridad del sistema. Las personas expresan –y eventualmente negocian– conflictos, y así va estableciéndose la identidad de los participantes. Dicho de otro modo: la existencia de personas dentro del sistema remite a una identidad y una individualidad que pugnan por autoafirmarse, por autorrealizarse.

Esta dimensión intersubjetiva especial de la conducta –que se expresa a través de las influencias recíprocas– imprime un sello particular y un rumbo al proceso de la crisis. Dada la existencia de individuos que interactúan y articulan fines y deseos, surgen identidades diversas que se exacerban en los picos de crisis. Este hecho convive con la complementariedad y con la necesidad de cooperación. En los episodios de crisis, las relaciones interpersonales o interindividuales se desequilibran y precipitan la aparición de diferencias entre las personas, que se dirimen a través del despliegue de conflictos interpersonales. Estos pueden constituirse en factores de tensión que constituyan una amenaza para la integración y estimulen el desgaste del sistema. Tal interjuego de tensiones y conflictos, de rechazos que se combinan con atracciones y complementariedades, constituye un factor dinámico de movimiento y de cambio que hace a la vitalidad del sistema. Las fluctuaciones y variaciones de los humores, los climas, los disensos, buscan equilibrarse en aras de la continuidad y de una armonía que nunca se alcanza plenamente. Las diferencias dejan resquicios para que se produzcan nuevos encuentros y desencuentros.

Podemos reconocer dos ejes en torno a los cuales se ordenan, en un sistema, las relaciones interpersonales:

a) Un eje vertical asimétrico que comprende básicamente la relación con el líder o la figura de autoridad. En las relaciones con la autoridad se despliega una particular ambivalencia afectiva; la rivalidad, el reconocimiento y el afecto, la aceptación y la oposición, la dependencia y las reacciones que en los individuos se generan de rechazo a la dependencia, son típicos, por ejemplo, en las relaciones entre generaciones en las empresas familiares.

b) Un eje horizontal referido a las relaciones entre pares o entre grupos que forman parte del mismo sistema. También aquí, los individuos despliegan mecanismos relacionales que pasan por identificaciones recíprocas que constituyen un lazo de unión no siempre armónico. Las relaciones entre pares están signadas por la rivalidad y la competencia, el enfrentamiento y la polémica, junto con la atracción y el deseo de integración. La tendencia a hacer prevalecer la rivalidad por encima de la colaboración es frecuente en las relaciones entre socios. La dificultad se incrementa cuando se superponen en las relaciones societarias los lazos familiares. Estas superposiciones dejan un resquicio importante para la subjetividad y para las decisiones basadas en reacciones emocionales más que en la razón y la lógica.

A través de la expresión de la mencionada subjetividad que pugna por autoafirmarse, y por medio de las relaciones interpersonales, se despliega la dramática de los conflictos entre individuos, que en realidad representan la vigencia –en la sociedad adulta– de aspectos de la personalidad y de los conflictos originarios y prototípicos que se gestan en las vinculaciones tempranas con las figuras parentales. En sus aspectos más regresivos, abonan expectativas no realistas que revelan aspectos inmaduros de la personalidad. La problemática interpersonal muchas veces es parte de un nivel no manifiesto de la conducta que –sin embargo– alimenta de contenido a los conflictos entre roles. Los estilos de personalidad y los rasgos de carácter son parte de la individualidad; su consideración o análisis se mantiene al margen de la vida y mirada públicas.

Se plantea aquí el interjuego de subjetividad y realidad, entre mundo interno y mundo externo; dimensión que hay que tener en cuenta, no buscando operar sobre ella en forma directa, sino para construir criterios y sistemas que contemplen tales realidades y necesidades del ser humano.

El mundo de la fantasía, de los sueños, de las profecías y de las ilusiones alimenta a veces positivamente los proyectos y la producción humanos. Pero a veces les aporta condiciones de irracionalidad en la toma de decisiones. En general, la intencionalidad humana, enraizada en niveles y motivaciones profundas de la conducta, interactúa con las situaciones reales y concretas, que le imponen límites y un criterio de realidad. La intencionalidad de la conducta, sin embargo, no sólo define un rumbo sino que determina la estructura misma de los sucesos venideros.

El sentimiento de amenaza que cunde ante la desestabilización del sistema pone de manifiesto, por una parte, el rol que ejerce la ansiedad en la integración dinámica del sistema, y por la otra, su influencia en los procesos de toma de decisiones. Ya en varias oportunidades se habló de la intencionalidad de la conducta individual y de su efecto en la determinación del derrotero de la crisis.

La resistencia al cambio constituye una conducta muy habitual que expresa la existencia de mecanismos de defensa utilizados por los individuos para protegerse de la irrupción masiva de la ansiedad.

Una de las formas que reviste la ansiedad es la desconfianza. En la medida en que estos sentimientos se expresen en la relación interpersonal o intergrupal, estimularán los conflictos en esas áreas. La desconfianza exacerba las confrontaciones polémicas, como así también toda forma de irrupción de violencia.

La confianza, contraparte de la desconfianza, constituye un sentimiento fundamental y constructivo de la personalidad en las relaciones interpersonales. Consolida vínculos de colaboración y pertenencia mientras abona la esperanza, que –como se ha señalado– juega un rol primordial en las tendencias integradoras que hacen al crecimiento y al desarrollo del sistema en las situaciones de crisis.

Por estos motivos, consolidar la confianza en las relaciones entre la gente ayuda a que el sistema recupere la orientación y el sentido que le permitirán remontar la crisis. Las figuras de autoridad que tienen la posibilidad de despertar confianza y resultan creíbles consiguen resultados mejores y la adhesión de sus seguidores.

CONFIANZA

- Contención de ansiedades
- Consolidación de vínculos
- Capacidad para resolver problemas
- Innovación y creatividad
- **Crecimiento y cesarrollo**

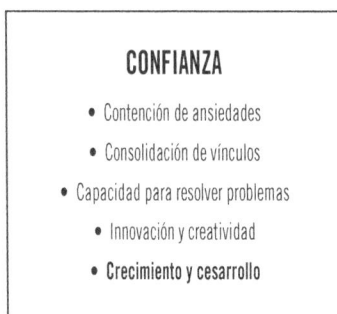

Las tensiones y desconfianzas se van diluyendo cuando el proceso avanza positivamente.

Confiar en un agente de cambio, en un gerente, en un presidente, en los colegas involucrados, en la estrategia establecida, significa esperar con firmeza y seguridad que algo constructivo para las partes ocurra, y esta esperanza es uno de los datos positivos que auguran un pronóstico alentador en el proceso de resolución de una crisis.

Todos los cambios sociales constructivos están presididos por una expectativa esperanzada. Por el contrario, la desesperanza y la desconfianza estimulan la tendencia regresiva y desestructurante de la crisis. Watzlawick ha establecido que la esperanza cierta, mantenida durante el proceso de la enfermedad, es un factor determinante de la cura. Esta concepción, introducida exitosamente por Simonton y colaboradores en el tratamiento de pacientes con cáncer, señala el poder de las profecías y de las expectativas –tanto positivas como negativas– en el derrotero de una enfermedad. El poder de las expectativas se verifica en la capacidad que tienen de actuar en el sistema inmunológico, modificando así el rumbo de la enfermedad. La crisis puede debilitar el sistema inmunológico y de esa forma precipitar una patología larvada.

La confianza constituye un atributo de la personalidad. El vínculo de colaboración se fortalece y crece sobre la base de la confianza.

196

Dijo el director técnico del equipo...

hay que recuperar la confianza

"**E**l equipo no está involucionando, pero venimos de una racha negativa y hay que mejorar. Lo principal es recuperar la confianza".

El liderazgo democrático se basa en la confianza, en tanto que el autoritarismo propende a un mundo dicotómico de buenos y malos, aliados y enemigos. Los buenos líderes gerenciales son aquellos capaces de conducir procesos de cambio complejos y de concitar el apoyo de la gente a partir de la credibilidad que trasciende de su reputación e imagen pública.

El consultor también puede –mediante la adopción de un conjunto de normas éticas que respaldan su práctica– contribuir a delinear su rol, ofreciendo condiciones de seguridad psicológica que abonan su credibilidad y garantizan el éxito de su gestión. Las normas éticas fortalecen la credibilidad y la confianza. Ofrecen garantías vinculadas, por ejemplo, con la ecuanimidad, la neutralidad, la equidad, la estricta confidencialidad acerca de los contenidos volcados. Los miembros del sistema cliente y el público en general suelen verificar con celo la vigencia de las normas que garantizan una práctica confiable, generadora de seguridad.

En suma, un agente de cambio externo, un moderador, un consultor que interviene en situaciones de crisis, los directores de organizaciones, así como los líderes gerenciales que ayudan a empresas o instituciones a transitar las crisis, deben ser capaces de despertar confianza. Es decir, necesitan ser creíbles. Ello se consolida a través de un proceder ético basado en normas de ecuanimidad y justicia.

Hay dos aspectos fundamentales que respaldan los sentimientos de credibilidad en las figuras de liderazgo –consultores, gerentes, presidentes, profesionales en general–. Son las siguientes.

a) Debe percibírselos como personas hábiles en la resolución de los problemas que presenta el sistema desde un punto de vista técnico. Se trata de que cuenten con la capacidad, el talento y la formación necesarios para nutrir con planes, proyectos e ideas innovadoras el proceso de resolución de la crisis.

b) Asimismo, tienen que ser percibidos como personas capaces de sostener valores, estar orientados por una sólida ética personal, adherir a un código de ética, ser figuras neutrales frente a los intereses de las partes, no hacer valer su situación de poder para ejercer presiones arbitrarias, ni anteponer sus intereses personales por encima de los intereses de los clientes en la toma de decisiones profesionales.

> • Componentes del **liderazgo necesario**
>
> **CAPACIDAD** **CONSISTENCIA ÉTICA**
>
> VISIÓN Y PERSPECTIVA Credibilidad -
> Ideas - Resolución de Intenciones claras
> problemas - Innovación
>
> **CONFIANZA Y CONTINENCIA**
> Control de la incertidumbre

Frente al tema del conflicto, cabe aportar las siguientes conclusiones.

• El proceso de cambio que se dirime en una crisis debe tener en cuenta que el conflicto es inevitable y que este se presenta cuando la gente se relaciona en un ámbito social. A través del conflicto los individuos o los grupos reafirman su individualidad y su identidad específica.

- El conflicto contiene aspectos positivos porque supone el reconocimiento de las diferencias individuales. Pero puede ser también desestructurante para el sistema. Canalizado constructivamente, empero, llega a constituir un factor alentador de cambios positivos.

- El conflicto ocurre, sea de manera explícita o latente. Puede o no estar acompañado por manifestaciones de hostilidad.

- Cuando la organización y los recursos humanos están bien diseñados, es decir, son acordes con los criterios que fijamos en los puntos anteriores, se transforman en un buen continente de la subjetividad humana. La organización requerida previene los conflictos interpersonales. Por ello, cuando se presentan conflictos es una buena práctica revisar en qué está fallando la organización.

- El conflicto puede expresar una marcada ambivalencia intrínseca frente a los cambios que plantea la crisis.

- Los individuos que forman parte de un sistema social (grupo, organización, comunidad) comprometido con los cambios, deben tener la posibilidad de reaccionar, si les es preciso, en forma abierta, y de expresar sus puntos de vista, aunque ello traiga aparejado algún grado de confrontación explícita. Con ese objeto se crearán ámbitos especialmente diseñados para el intercambio.

- La resistencia al cambio es parte de la realidad del proceso: frente a los cambios suele aparecer –como se dijo– una tendencia conservadora. Las posibilidades de asimilación de los nuevos acontecimientos se van dando, en forma lenta. El apego a esquemas previos o familiares que se suelen usar para enfrentar la vida lentifica la asimilación de nuevas realidades. La aceptación de lo nuevo muchas veces implica la resolución de un proceso de duelo que es el que permite el abandono de "viejos baluartes".

• Cuando el proceso de la crisis termina exitosamente, los individuos pueden apropiarse de los cambios, incorporándolos a sus propias estructuras de sentido, a sus propios paradigmas.

5. Grupos representativos de poder. Los *stakeholders*

En el seno de cualquier organización, debido a la forma en que están distribuidos los estratos ejecutivos y las funciones, emergen espontáneamente agrupaciones de individuos que comparten una orientación, intereses, una posición, y que, en función de ello, desarrollan su propia identidad como grupo. La posición, los roles, la ubicación que tienen dentro del sistema, les confieren una identidad propia y los convierten en grupo. Tal como en el caso de la identidad individual, la identidad de los grupos significativos de poder revela un estatus que tiende a sostenerse y a desarrollarse a través de un sistema de defensa de sus propios intereses, un sistema autoafirmativo de valores e idiosincrasias como grupo.

Constituye un error frecuente de la conducción suponer que todo el poder se concentra en la cúspide de la pirámide organizativa. Por el contrario, como surge de la observación, los distintos sectores, niveles ejecutivos o grupos de individuos –el grupo de padres de la escuela aludida en el Capítulo 3, por ejemplo– se organizan espontáneamente a través de un sistema de redes e influencias tendientes a impulsar ciertas decisiones o cambios que supuestamente benefician al grupo en cuestión. Esta dinámica es, a la vez, expresión de una diversidad y de una divergencia consubstanciales con el sistema. Es parte de los movimientos hacia la confrontación, la disgregación y el desequilibrio, pero al mismo tiempo constituye un factor que moviliza las fuerzas de cambio hacia niveles progresivos de integración.

Los cambios en las organizaciones comprometen el equilibrio de las relaciones entre los distintos grupos representativos de poder que las conforman. El contexto de las organizaciones ha ido haciéndose cada vez más abarcativo, y actualmente puede hablarse de una "globalización". Los llamamos grupos representativos de poder –o *stakeholders*–, al tener intereses comunes, y debido a la posición que ocupan, tienen la posibilidad de ejercer una influencia neutralizadora de los cambios, o de torcer el rumbo de las decisiones. En una misma situación puede haber distintos grupos significativos de poder. En una empresa familiar, por ejemplo, los miembros de la familia, los socios, los gerentes, los empleados, los proveedores, los competidores y los clientes, son grupos representativos de poder. Cada uno de ellos puede o no estar organizado. La crisis desactualiza un equilibrio alcanzado a través de una negociación implícita o explícita entre ellos, y promueve la necesidad de renegociar la búsqueda de equilibrio. Los conflictos emergentes entre grupos expresan una tendencia a la oposición, promotora de tensiones y desequilibrios riesgosos.

Se los llama *stakeholders* (por extensión del término *shareholders,* accionistas) porque, en algún nivel, entre todos configuran una "asociación", comparten el interés de mantener integrado el sistema, están todos comprometidos en que este llegue a buen puerto. Entender esta dimensión de las relaciones entre grupos es fundamental para alentar el afianzamiento de los mecanismos de colaboración necesarios para la resolución constructiva de conflictos o diferencias.

Los cambios que se requieren para lograr adaptarse al contexto, y las respuestas que exige la crisis, necesitan flexibilidad, iniciativas innovadoras, y su aceptación por parte de los grupos de poder. Las iniciativas y los cambios pueden ser ignorados –distorsionados–, asimilados a las rutinas y costumbres de siempre, o también activamente resistidos.

Reconocer esta dimensión en las relaciones entre grupos o actores sociales implica crear un ámbito para la negociación con todos en conjunto o con cada uno de ellos en particular. A través de ella se articularán los intereses comunes y, dentro de lo posible, se tratará de trabajar los intereses conjuntos para dar lugar a la creación de una franja de responsabilidades compartidas. El trabajo de reconocer esa franja de responsabilidades comunes surge de tomar conciencia de que la continuidad del emprendimiento conjunto depende de un esfuerzo concertado en el que las partes tendrán que aceptar la parcialidad del poder que tienen, en aras de conservar y acrecentar los intereses comunes.

Para articular estos intereses en un clima de intercambio democrático, deberá crearse un ámbito de participación en el que estén representados todos los intereses en juego.

Comprometer a los grupos en los cambios, es una premisa que asegura que todos se sientan involucrados.

Es menester comprometer lo más tempranamente posible en la preparación de los cambios a los que van a ser afectados por ellos: a través, por ejemplo, de la discusión de beneficios y dificultades, o por medio de las modalidades particulares que hacen al "cómo" de la implementación. Esto supone consultarlos en las etapas primarias de elaboración de una solución.

El conflicto social entre grupos significativos de poder es un hecho insoslayable que, lejos de constituir una rémora o un fenómeno indeseable, puede volverse –si está bien conducido– un poderoso factor de desarrollo de la organización.

Como corolario, es una política deseable la creación de un sistema participativo que permita dirimir, a través de canales institucionales, los intereses u opiniones en juego.

6. Conducción y liderazgo

Una vez consideradas las dimensiones predichas, corresponde ocuparse de todo lo que hace a la conducción del sistema y, en este caso en particular, del proceso de la crisis. Cuando todas las dimensiones están alineadas detrás de una sola estrategia, lo que queda es una tarea de conducción y liderazgo que –a su vez– tendrá que lograr que las etapas y las dimensiones anteriores se integren y conformen un sistema integrado.

Para afianzar la conducción y el liderazgo es preciso partir de una buena definición del rol de aquel o aquellos que ocupan tal posición. El liderazgo se define por el ejercicio de la influencia de una figura en relación con un grupo de individuos, con los cuales se halla vinculada, para el cumplimiento de metas.

El gerente, en el caso de las empresas –los directores, en otras formas de organización–, desarrollan un tipo particular de liderazgo, que les permite rendir cuentas por los resultados de sus subordinados o colaboradores. En una metáfora que utilizamos en distintas oportunidades, la del barco que navega en un mar tormentoso, se destaca la figura de un timonel –al que alude la raíz etimológica misma de la palabra "gobierno"–, que con habilidad y pericia sortea las inclemencias de una marea embravecida, a la vez que alienta y cohesiona a un grupo de miembros de su equipo para poder llegar a las metas definidas.

En las empresas, el rol de conducción lo ocupa un líder al que se llama gerente, que tiene con la organización a la que pertenece y con sus colaboradores directos e indirectos una relación muy particular o un pacto de compromiso recíproco que es crucial para arribar a las metas con éxito.

Asumimos la definición de Jaques sobre el rol del gerente que, como hemos dicho, en muchas organizaciones conviene para fortalecer el rol.

El gerente es *accountable* (rinde cuentas) ante su propio gerente –el gerente del gerente– por su eficacia aplicada al trabajo que se le ha encargado, por el resultado y el comportamiento de sus subordinados, y por el ejercicio de su liderazgo gerencial, incluida la constitución y el mantenimiento de equipos eficaces de trabajo. En particular en el caso de las organizaciones ejecutivo-jerárquicas, que son aquellas que emplean un gran número de personas, hemos señalado ya en distintos pasajes de este libro que el principio de la rendición de cuentas es crucial.

Siempre resulta aconsejable implementar un plan de desarrollo destinado a la formación de los gerentes y líderes. Tal formación y desarrollo involucra –a veces requiere– un verdadero cambio cultural: debe partir de una comprensión clara del sentido del rol, basada en la definición y en la instrumentación de un conjunto de prácticas de liderazgo. Las prácticas permiten introducir una modalidad de trabajo tendiente al desarrollo efectivo de los procesos.

Las prácticas de liderazgo gerencial recomendadas y descritas por Jaques son:

1. Trabajo en equipo.
2. Fijación de contexto.
3. Planificación.
4. Asignación de tareas.

5. Evaluación de la eficacia.
6. Revisión de los méritos.
7. Entrenamiento en el rol (*coaching*).
8. Selección.
9. Desafectación y despido.
10. Mejoramiento continuo.[92]

Muchas de estas prácticas han sido referidas y descritas en distintas partes de este trabajo.

Para que el gerente inmediato pueda ejercer un verdadero liderazgo, tienen que darse ciertas condiciones previas:

- Los niveles organizacionales han de diseñarse en forma correcta desde el punto de vista de la cantidad de niveles y de la ubicación de los roles gerenciales dentro de ellos, según el grado de complejidad (ver 2).
- El nivel de capacidad del gerente tiene que ser de una categoría de complejidad superior a la de sus colaboradores directos (ver 3).
- El gerente ha de valorar su rol gerencial y las tareas específicas que involucra.
- El gerente debe poseer las competencias necesarias (ver 3).
- El gerente tiene que contar con la autoridad mínima requerida, respaldada por políticas organizacionales (ver 2).

En su conjunto, las prácticas representan una forma de ejercer el liderazgo gerencial, una forma de trabajar en equipo –participativa– que destaca y reconoce el esfuerzo humano, propende al desarrollo de la gente, a un más pleno

---

92. Jaques, Elliott, *La organización requerida, op. cit.*; parte cuarta.

compromiso, al despliegue de las potencialidades, a ampliar la visión del contexto en el que se realizan las tareas. Todo ello afianza el sentido de pertenencia y ayuda a que la gente se identifique y comprometa con la institución. El aludido trabajo en equipo no sólo se refiere al que cumple el gerente con sus colaboradores directos, sino que se extiende al establecimiento y consolidación de relaciones colaterales que, a la vez, permiten una integración de funciones y procesos.

El propósito de delinear un conjunto de prácticas en forma oficial, acompañadas de la descripción de los procedimientos correspondientes, constituye la forma de incorporarlas al sistema y de convertirlas en una parte esencial de este. De tal manera, no quedan sujetas a la iniciativa, idiosincrasia o estilo de los gerentes particulares. Las prácticas modelan una estrategia que promueve la mejora y efectividad del sistema global, y hacen responsables a los gerentes, líderes o conductores por su implementación. Las prácticas y el entrenamiento son consubstanciales con el modelo descrito, y de por sí lo completan. Las responsabilidades de gestión en relación con estas prácticas han de ser por ello evaluadas por su aplicación y monitoreadas en su ejercicio. Las prácticas se integran, de este modo, a un proceso de cambio cultural de la organización, empresa o institución, y son instrumentos para la sensibilización, la toma de conciencia y la incorporación de nuevas competencias y habilidades requeridas.

7. El contexto

El contexto turbulento en el que se desenvuelven nuestros sistemas organizados provoca crisis recurrentes. La velocidad de los cambios ejerce un impacto inicialmente desorganizador, promotor de confusiones diversas y de desestabilizaciones.

La problemática vinculada con el contexto y el mercado ha ido convirtiéndose en los últimos tiempos en un tema de interés central, razón por la cual el enfoque sistémico la acogió en su modelo, que forma parte de la concepción de la organización. En función de ello decimos que la organización constituye un sistema abierto, es decir, orientado hacia el contexto, y con capacidad de dar respuesta a los estímulos que de él provienen.

El concepto de contexto turbulento se refiere a la textura agitada que caracteriza al ambiente en el que se desenvuelven las organizaciones, generada por la cantidad y el ritmo vertiginoso de los cambios. Tal concepto alude a la necesidad de contemplar las complejas interrelaciones que se establecen con el ambiente, determinantes de restricciones o limitaciones, aunque también representen oportunidades para crecer y fortalecerse.

El que desarrollemos esta dimensión sólo al término de nuestra exposición (en realidad hemos desarrollado este tema anteriormente en forma extensa y repetida) no invalida el hecho de que sea el contexto lo que da contención y sentido a todas las dimensiones, como surge del gráfico de la página 159. Las relaciones de inclusión entre los distintos conjuntos de variables exigen, pues, que haya que mirar al contexto –o, mejor, mirar la organización desde la perspectiva del contexto–.

Sintetizando en un conjunto de proposiciones finales, podemos decir, acerca de nuestra propuesta para el cambio, lo siguiente:

- El modelo de las siete dimensiones del cambio organizacional requerido es sistémico. Está fuertemente arraigado en la estructura y abierto al medio externo. Postula el fortalecimiento del principio de autoridad y otorga al liderazgo gerencial orientado a la gente un valor muy importante para la conducción del proceso de la crisis. El modelo –en su totalidad– permite guiar el proceso de cambio de una empresa/organización, sistema que se desarrolló en un contexto turbulento. Cuando se practican los ajustes y el rediseño que sugiere el modelo, se logra una adaptación flexible que fortalece y consigue encarar mejor la incertidumbre proveniente del contexto caracterizado por la turbulencia.

- Concebir la crisis y la adaptación como parte de un proceso de cambio es útil para cumplir con eficacia este cometido.

- Conviene volver a repetir y aclarar, sin embargo, que a pesar de que las dimensiones y las etapas han sido planteadas en forma secuencial y ordenada, la realidad habitual de las organizaciones no suele presentarse tan prolija como lo sugieren los modelos ideales. Lejos de pretender forzar la realidad, cabe considerar que, frente a los hechos, debe respetarse la "ley del emergente", que señala que hay que encarar lo que la realidad indica como indispensable en un momento determinado, sin relegar la propia independencia de criterio ni lo que los enfoques y teorías señalan que tiene que realizarse. El campo y la situación de cada caso particular, a pesar de las semejanzas con lo expuesto, se estructuran de acuerdo con sus condiciones específicas y con su propia dinámica, que nunca es igual a otra. Es por ello oportuno contar con un buen diagnóstico inicial, que releve y respete las características idiosincrásicas de cada caso, y aplicar la flexibilidad y capacidad de adaptarse a los constantes desafíos que nos presentan los problemas reales.

- En esta estrategia de cambio, hay que advertir que el sistema –en su conjunto– es más que la suma de sus partes, y que esto demanda una visión integral de siete dimensiones significativas. Hay que revisar como juega cada una de ellas en una problemática particular, abandonando simplificaciones y reduccionismos. El cambio del sistema no resulta del cambio de los individuos: para modificar los conflictos interpersonales y la intersubjetividad latente hay que cambiar integral y estructuralmente el sistema.

- El cambio constituye un proceso de mejora continua. La realidad va mostrando los aspectos débiles, e invita a modificar las situaciones insatisfactorias para lograr una mejor adaptación a las demandas múltiples y cambiantes. La modificación integral hace que los plazos sean inevitablemente largos. Pero el curso de los hechos se acelera cuando existe decisión política oficialmente divulgada para introducir los cambios, y cuando en esa decisión no hay constantes marchas y contramarchas.

CAPÍTULO 7

EL MÉTODO
DE LA INTERVENCIÓN EN CRISIS

Un marco para la consolidación
de un proceso de reestablecimiento de sentidos

En este capítulo, el propósito es definir la estrategia y el método de intervención en crisis. Se trata de un enfoque de consultoría desarrollado en el campo de las ciencias sociales para trabajar con individuos, grupos y organizaciones. La metodología y el enfoque provienen de una tradición en ciencias sociales innovadora que reseñamos en este capítulo.

Como hemos señalado, una crisis transcurre entre una ruptura y una recuperación en la trayectoria de un sistema.

No es lo mismo trabajar con un pequeño grupo que hacerlo con una empresa familiar, una corporación empresaria, un organismo estatal, o una comunidad afectada por una catástrofe: la diferencia emana de la naturaleza del objeto. El carácter de la intervención depende de una elaboración y un diseño específicos que delimitan el nivel de análisis, a partir de la problemática típica y la naturaleza específica de cada uno de los sistemas mencionados, que requieren de la elaboración de un marco de referencia teórico y metodológico que les sea propio.

Como enfatizamos en el capítulo anterior, para conocer un sistema hay que relevar su estructura y sus procesos. Por lo general, hasta aquí se habló de crisis que transcurren dentro de un contexto de crisis que contribuye a precipitarlas.

Las dos guerras mundiales que tuvieron lugar en el siglo pasado han representado grandes crisis y a su vez oportunidades para introducir innovaciones y nuevas metodologías de trabajo, investigación e intervención en ciencias sociales. Tal como sostuvimos en la Introducción, el nuevo milenio se inaugura con una crisis global cuya turbulencia tiene un impacto equivalente al de las dos grandes guerras.

Según Lewin, los desarrollos de las ciencias sociales a partir de la Segunda Guerra Mundial constituyen una verdadera revolución científica. Al referirse a la realidad de los fenómenos sociales, escribe: "Antes de la invención de la bomba atómica, el físico promedio estaba escasamente dispuesto a conceder a los fenómenos sociales el mismo grado de 'realidad' que a un objeto físico. Los descubrimientos de las ciencias sociales parecen haber predispuesto a muchos físicos a considerar los hechos sociales como teniendo acaso una realidad semejante. La bomba y sus efectos psicosociológicos habrían demostrado con dramática intensidad el grado en que los sucesos sociales son, al mismo tiempo, el resultado y las condiciones de la ocurrencia de los hechos físicos".[93]

Dos grandes escuelas, a ambos márgenes del Atlántico, emergen a partir del evento límite que representó la Segunda Guerra Mundial. Ambos desarrollos constituyen el antecedente de la consultoría social y del enfoque que venimos describiendo. Estas escuelas son:

---

93. Lewin, K., "Fronteras en dinámica de grupos", en *La teoría del campo en la ciencia social*, Buenos Aires: Paidós, 1978.

1. La "Teoría del campo", inspirada en el liderazgo intelectual y de investigación de Kurt Lewin, que dieron lugar a la creación de la Escuela de Dinámica de Grupos, la que surge primero en el MIT (Massachusetts Institute of Technology) y se traslada luego a la Universidad de Michigan.
2. El Instituto Tavistock de Relaciones Humanas, originado en el ejército británico durante la conflagración mencionada. Estaba liderado por J.R. Rees, psiquiatra de formación sociológica, y W. Bion, psiquatra, psicoanalista y filósofo. Lo integraban también John Rickman y Elliott Jaques, en su carácter de enlace representante de los grupos de psiquiatría del ejército canadiense, el grupo de K. Lewin en el MIT, H. Murray, de la Harvard Clinic, y el grupo de Moreno en Nueva York.

En aquel momento, la orientación predominante de estos dos grupos estuvo marcada por el descubrimiento de la "entidad grupo" y la "dinámica de grupo" como herramienta.

La crisis de aquel entonces trajo aparejados nuevos problemas y preocupaciones que fueron absorbidos por figuras profesionales de la talla intelectual de las mencionadas. Entre los temas y problemas de preocupación de la época, aparecen: el liderazgo autoritario; la "neurosis de guerra"; el desarrollo de nuevos métodos de selección de oficiales; la readaptación de prisioneros; inteligencia y propaganda; mantenimiento de la "moral" de las tropas y de la población, etcétera.

En un artículo de la época, Kurt Lewin señala que el análisis de la conducta en tiempos de crisis muestra la importancia del factor psicológico llamado "esperanza". Cuando la persona pierde la esperanza, deja de estar comprometida activamente en la búsqueda de un logro, disminuye su energía, abandona la planificación y los deseos vinculados con un futuro mejor. Se incrementa el riesgo de entrar en una vida pasiva. Las emociones –y por cierto, la "moral", en el sentido de "estado de ánimo"– condicionan la perspectiva temporal haciendo que los planes sean de muy corto plazo.[94]

Cuando Jacques Lacan visita Londres inmediatamente después de la guerra –año 1945–, toma contacto con las experiencias realizadas por el Instituto Tavistock en el ejército, que no habían tenido un desarrollo equivalente en Francia. Menciona con entusiasmo las innovaciones científicas, a las que no titubea en calificar como revolucionarias, además de exaltar, en particular, las figuras de liderazgo e innovación de Bion, Rickman y Rees. Se detiene en la descripción de dos de las innovaciones metodológicas:

a) La transformación de un hospital psiquíatrico militar en una comunidad terapéutica en la que se pretende reemplazar la organización jerárquica por una comunidad de aprendizaje orientada por principios participativos democráticos. La innovación consiste en la instauración de pequeños grupos autogestivos de trabajo en los que la cooperación entre pares se constituye en el nuevo agente modelador de las relaciones entre los pacientes y con la autoridad del servicio. La crisis individual pretende ser resuelta a través de un intercambio humano más auténtico que libera del encierro en la individualidad y en la alienación. Para esto el factor grupal es considerado estratégicamente fundamental. La pertenencia a un grupo provee una

---

94. Lewin, Kurt, "Time, Perspective and Morale" (1942), en *Resolving Social Conflicts*, New York: Harper & Row Publishers, 1948.

estructura de relaciones de reciprocidad que facilita identificaciones colaterales. Estas son a su vez una apoyatura esencial para permitir una reestructuración más plena. La tendencia al individualismo egocéntrico se reduce en un ambiente en el que predomina la cooperación y en el que todos se encuentran en un mismo plano de igualdad en la relación con sus semejantes.

El artículo, publicado en *The Lancet* en noviembre de 1943, firmado por Rickman y Bion, relata esta transformación y lleva el título de "Intra-Group Tensions in Therapy. Their Study as the Task of the Group" ("Tensiones intragrupales en terapia. Su estudio como tarea del grupo"). Los autores hacen el *racconto* de su experiencia en el hospital militar, que tiene el valor de ser una exposición del método, basada en un proyecto concreto del cual extraen como material un referente empírico que configura un caso a la manera del método clínico. Lacan dice que esta experiencia y relato le producen la admiración de "encontrar la fuerza viva de la intervención en el mismo callejón sin salida de una situación", y agrega: "Bion parte de esta dificultad para franquear el Rubicon de una innovación metodológica".[95]

b) El segundo ejemplo de estos desarrollos científicos se refiere a las transformaciones de los procedimientos y estrategias de selección de oficiales que, a propuesta de Bion, se operaron en el ejército mediante la creación del War Office Selection Board. Allí, los psicólogos dejan de ser meros técnicos que toman tests, para integrarse a un equipo interdisciplinario

---

95. Lacan, Jacques, "La psiquiatría inglesa y la guerra", artículo en la revista *L'évolution psychiatrique*, vol. 1, 1947.

de pares que, en forma conjunta con la autoridad militar, conforman una comunidad de aprendizaje dentro de la cual se realizan las evaluaciones y se toman decisiones vinculadas con la promoción a cargos de "oficial". El enfoque constituye una innovación también en el plano de las políticas, por cuanto se introduce la "igualdad de oportunidades". Hasta entonces los oficiales destinados a la conducción eran elegidos sólo dentro de los cuadros superiores del ejército, que, por otra parte, provenían de las clases altas británicas. Con el nuevo enfoque, la cobertura de "potenciales" cuadros de reemplazo se hace teniendo en cuenta un grupo mucho más amplio que el de los coroneles, y se brinda la oportunidad de participar en el grupo que va a ser evaluado aun a miembros provenientes de la población civil, dentro de la cual podían encontrarse nuevos líderes potenciales ocultos. Es el principio del mérito, más que la adscripción a una clase o a un estatus previo, lo que se hace valer como criterio.

La orientación de la selección a esta altura del desarrollo de la práctica está fuertemente influida por la consideración de los estilos de personalidad y de liderazgo, que se convierten en las competencias básicas consideradas. En esto se aprecia la influencia del desarrollo de los tests y de los estudios de personalidad tales como el "Test de apercepción temática", diseñados por H. Murray en la clínica de Harvard. El Instituto Tavistock luego creó su propio método de evaluación de la personalidad, con un diseño de la prueba inspirado en el de Murray pero conteniendo imágenes más adecuadas a la cultura europea. Surge así el Test de Philipson, que se incorpora a las nuevas técnicas proyectivas. Ambas pruebas fueron profusamente aplicadas y enseñadas en la Argentina en el campo de la selección gerencial. Como veremos, estos enfoques, en lo referente a la aplicación a empresas, han sido criticados y superados por las nuevas perspectivas teóricas y metodológicas desarrolladas por Jaques a partir de la década de los '50 con los estudios sobre capacidad individual, concepto más ligado a las situaciones de trabajo.

A su vez, y formando parte de las innovaciones en los métodos de selección, surge la aplicación de la técnica grupal diseñada por Bion, denominada *liderless group*. Este es el origen de lo que hoy se conoce como *assesment center*, de amplia aplicación en el medio empresario. En los desarrollos originales de los ejercicios grupales, el factor *liderazgo formal* es reemplazado por propuestas y consignas en las que se enfatiza una tarea orientada al grupo de pares. No se sugieren, desde la coordinación, roles de autoridad formal. La emergencia de roles de autoridad superior se deja librada a la dinámica espontánea y a lo que el grupo decide hacer. A los miembros se los invita a realizar un ejercicio entre pares, que permite observar la emergencia espontánea de los roles de liderazgo acordes con los estilos que el propio grupo va definiendo. Se trata de observar la forma en que los participantes enfrentan el estrés de la situación, recurren a la cooperación entre pares o, en su defecto, a las figuras de autoridad. El estilo del líder, la respuesta frente a la frustración, las reacciones frente a la tensión propia de la situación, el manejo de la ansiedad y la incertidumbre se consideran factores importantes a ser observados. Esta técnica –denominda, como hemos dicho, *liderless group*– además de ser el núcleo central del recientemente inventado *assessment center,* dio lugar luego al desarrollo de las teorías de dinámica de grupo con orientación bioniana, muy vinculada con la teoría de la ansiedad descrita por Melanie Klein, autora de singular predicamento dentro del Grupo Tavistock. El desarrollo y la creación de este enfoque es expuesto por Wilfred Bion en su libro *Experiencia en grupos*.[96] En él postula dos planos que determinan la dinámica de todo grupo: lo que llama "grupo de trabajo", orientado al cumplimiento de la tarea, y el plano de los "supuestos básicos" que dominan la estructura latente de la vida de todo grupo, regido por la ansiedad y por un conjunto de fantasías de naturaleza regresiva. Describe tres supuestos básicos que contienen ansiedades y defensas: *apareamiento*, *ataque fuga* y *dependencia*. Un relato más completo de esta experiencia puede verse también en el Capítulo 6 de *La estrategia del talento*.[97]

Después de la guerra, se crea formalmente el Tavistock Institute of Human Relations, cuyo objeto es el desarrollo sistemático de métodos de observación de la conducta humana que transcurre en un medio laboral, y la comprensión de los gradientes de fuerza psicológicos y sociales que afectan el desarrollo de tal conducta. Se estudian áreas significativas de la conducta social y, en particular, la dinámica de los grupos sociales, y se señalan los determinantes inconscientes, así como la existencia de colusiones irracionales entre grupos. Estas colusiones se erigen en barreras resistenciales para el cambio y el aprendizaje. La necesidad de tratar de resolver tales barreras que impiden el desarrollo pleno de los grupos puede despertar ansiedad y resistencia. La resolución de estas ansiedades y defensas facilita el cambio y permite –igualmente– acceder a importantes áreas de la conducta, y comprenderlas.

Así, la creación del Instituto, una vez terminada la guerra, tuvo como misión seguir aplicando a situaciones de la vida real los hallazgos e innovaciones tecnológicas provenientes de la situación de crisis. Se buscó así dar respues-

---

96. Bion, Wilfred, *Experiencia en grupos*, Buenos Aires: Paidós, 1967.
97. Schlemenson, Aldo, *La estrategia del talento*, Capítulo 7, Buenos Aires: Paidós, 2002.

tas a las acuciantes necesidades de desarrollo de la economía de la posguerra.

El Instituto permitió, asimismo, el desarrollo de una nueva gama de roles profesionales orientados a la consulta destinada a favorecer el cambio orientado al desarrollo de individuos y de sistemas sociales complejos. Desde entonces, el profesional es considerado un *trabajador social.* Coopera con un cliente que ha solicitado asistencia para analizar un problema que tiene a su cargo. La relación entre un trabajador social (que es al mismo tiempo un investigador) y un cliente, involucra una responsabilidad compartida acerca de cómo se utilizarán los resultados del análisis conjunto del problema que determinó que se reunieran para considerarlo. Este tipo de relación se inspira en el modelo médico y en las investigaciones clínicas: la innovación consiste en su aplicación al campo de las ciencias sociales y de la administración, donde resulta particularmente útil para encarar situaciones de crisis, conflicto, tensión e incertidumbre.

 El estudio de un sistema social y de su desarrollo implica siempre la observación sostenida durante cierto lapso.

La dinámica de grupos bioniana constituyó una metodología que caracterizó las aplicaciones del Instituto Tavistock desde su comienzo.

Merecen considerarse las diferencias en las orientaciones en materia de dinámica de grupos, entre Kurt Lewin y el Grupo Tavistock. La orientación del primero está más marcada por la psicología social y tiene un fuerte componente vinculado con el desarrollo de nuevas metodologías de investigación. En este contexto, busca formalizar y probar empíricamente la vigencia de ciertas hipótesis psicosociales vinculadas con el liderazgo, las barreras en el proceso de cambio, las actitudes y su relación con la "cultura grupal", la resistencia al cambio, etc. La orientación inglesa está más fuertemente influenciada por el psicoanálisis y en particular la escuela inglesa, en la que predomina la mencionada "Teoría de la ansiedad", donde se destacan las posiciones descritas como esquizoparanoides y depresivas. Asimismo, tiene un estatus predominante en esta orientación el enfoque vinculado con los mecanismos de defensa frente a la ansiedad y, en particular, los mecanismos de identificación proyectiva e introyectiva que se ponen de manifiesto en el seno de las organizaciones sociales.

Uno de los primeros proyectos que asumió el Instituto Tavistock dentro de este enfoque fue el que realizó en la Glacier Metal Company, conocido como el "Proyecto Glacier". Fue un estudio de larga duración en una comunidad industrial que aspiraba a desarrollar métodos de punta en organización, tecnología de gestión, relaciones humanas e industriales. La Glacier solicitó la intervención a través del entonces director ejecutivo del grupo, Wilfred Brown, a quien le interesaba aplicar las ideas bionianas sobre la dinámica de grupos, en las relaciones entre él y su equipo de colaboradores inmediatos, y estudiar las relaciones entre grupos en el resto de la compañía. Existía en dicha empresa un "Consejo de trabajo", organismo que ponía en práctica la democracia participativa industrial, en consonancia con las inquietudes que se presentaban en la comunidad económica y laboral más amplia de la Europa de posguerra. El Proyecto fue dirigido por Elliott Jaques, miembro fundador del Instituto Tavistock, y también formaron parte del equipo A. K. Rice y E. Trist.

En coincidencia con los postulados de la "Teoría del campo", el plan para encarar el proyecto se fundaba en el supuesto de que cualquier evento particular puede ser mejor comprendido si se lo ve como resultado de una interacción de eventos que ocurren en el contexto más amplio que los engloba. La conducta social no se explica, así, por una mera relación lineal causa-efecto, sino que involucra interrelaciones circulares más amplias y complejas. Por ejemplo, para introducir un sistema de pago *a façon* mediando un esquema de participación de los empleados, es necesario tener en cuenta el conjunto de las condiciones organizacionales que tienen existencia real en el momento en que los cambios propuestos tienen lugar. Entre ellas, la motivación, el clima social imperante, el nivel de conflicto, la estructura organizativa, las características de los grupos, la calidad de la supervisión, así como las fuerzas que surgen de la situación económica más amplia.

Las soluciones que comprometen sólo un enfoque técnico o administrativo por lo general soslayan, dejando así intactos, el sistema subyacente de valores y actitudes, y la visión que configuran la cultura de una comunidad –en este caso, laboral–. Se postula entonces que, para que un verdadero cambio social pueda ocurrir, tiene que darse un cambio en los supuestos no manifiestos que regulan la conducta, dentro de los cuales se incluyen las mencionadas ansiedades y defensas –muchas veces de naturaleza inconsciente–.

Esta orientación, sustentada por E. Jaques en las primeras etapas del "Proyecto Glacier", fue luego profundamente revisada por el autor. Más adelante describiremos en qué consistió el cambio.

En síntesis, los enfoques hasta aquí descritos suponen en conjunto una innovación y una orientación específica en los modelos adoptados por las ciencias sociales. Puntualicemos sumariamente en qué consisten:

- Se propone la integración de disciplinas tales como la psicología, el psicoanálisis, la sociología, la antropología cultural y el trabajo social, así como de nuevos roles profesionales. Puede afirmarse hoy que el *análisis organizacional*, inspirado en esta orientación, constituye una nueva *metadisciplina* que se encuadra dentro de las ciencias sociales.
- Los modelos se valen de un nuevo enfoque que trasciende el método experimental, que promueve la

salida del laboratorio y postula una actitud de búsqueda y de intervención, así como un compromiso del investigador en el campo en el que los eventos problemáticos ocurren.

- La intervención se basa en la consulta inspirada en el modelo médico. El profesional interviniente asume el rol de un agente de cambio que interactúa con un *sistema cliente*. Este último reconoce la existencia de problemas en su seno y activamente acude a un experto para que lo ayude a resolverlos. El consultor es independiente, no pertenece al sistema, no es un empleado de este, conserva su independencia y autonomía profesional, a fin de garantizar los estándares de la intervención. La participación es voluntaria y se procura la responsabilidad conjunta por los resultados. Según señala Jaques, la condición para que un proyecto sea viable es que haya miembros en la organización interesados en profundizar cuestiones acerca de la misma, en ir más allá de la fachada de los problemas, abandonar clisés y buscar soluciones con sustento de realidad. Estas condiciones se logran cuando se cumplen las premisas que establece el modelo. El carácter de la relación entre consultor y cliente es colaborativo, lo que permite el acceso en profundidad a procesos y problemas de la organización, de la comunidad o de los grupos involucrados.

- La relación profesional-cliente está respaldada por reglas éticas que buscan cuidar simultáneamente la seguridad y los intereses del cliente, así como preservar la intervención. Son ejemplos de normas y requisitos éticos: la neutralidad del consultor (no tiene compromisos particulares con ningún grupo que integra el sistema interno); su obligación de no develar irrestrictamente la información confidencial; un pacto acerca de a quiénes y qué informar; el respeto de la intimidad de las personas; una actitud analítica consistente en limitarse a describir, relacionar, vincular; ayudar a ver las implicaciones de un problema, y a develar significados. El consultor se abstiene de usar su eventual posición de poder debida a su condición de experto y no especular con los resultados o beneficios que puede obtener el cliente de la consulta, etcétera.

Todas estas puntuaciones terminan de configurar un modelo que es afín a los temas que se busca indagar, puesto que hay aspectos significativos de la conducta humana y de las relaciones sociales que no son de acceso directo y simple para un observador que no pertenece al sistema. Los problemas suelen ser omitidos a menos que medie un acuerdo explícito para revelarlos, acuerdo que emana de la existencia de condiciones de seguridad que ofrecen las normas profesionales y éticas. En última instancia, estas permiten abonar la *confianza*, que es la que debe sellar un vínculo integrador que se proponga el crecimiento y desarrollo del sistema.

Hay otro enfoque que cabe mencionar respecto de la intervención en situaciones de crisis. Nace de la psiquiatría social, y fue originariamente formulado por Caplan en 1965.[98] El método se ubica en el campo de la prevención de la salud mental, y se diferencia de los métodos psiquiátricos dirigidos al tratamiento de la enfermedad. Aplicado a las crisis, este enfoque hace hincapié en los sentimientos de desamparo que manifiestan los individuos como consecuencia de una pérdida significativa. El autor insiste en la necesidad de contar, en el proceso de recuperación, con

---

98. Caplan, Gerald, *Principios de psiquiatría preventiva*, Buenos Aires: Paidós, 1985.

el apoyo de estructuras sociales comunitarias –redes– para prevenir el derrumbe del estado de ánimo, que se ve siempre afectado y puede llegar a determinar patologías severas.[99]

En la Argentina, desde los comienzos de la década del 1960, José Bleger y Fernando Ulloa también investigaron y trabajaron en la aplicación del método clínico al campo social y comunitario. Ellos parten de las ideas pioneras de Pichon Rivière sobre los grupos operativos, aplicados a una variedad de ámbitos y con objetivos diversos: asistenciales, de aprendizaje, de análisis institucional, etcétera.

Ulloa[100] relata la experiencia "Rosario", que en el ámbito de la psicología social y de los grupos operativos en la Argentina fue pionera y dejó huellas en la comunidad profesional y científica. La dirigieron Pichon Rivière y un conjunto de psicoanalistas porteños, entre ellos el propio Ulloa, Bleger, Liberman y otros más. En tanto experiencia intensiva de aplicación, participaron unas 1.000 personas que conformaron alrededor de treinta grupos heterogéneos, integrados por profesores universitarios, alumnos y profesionales de diversas ramas, así como gente no profesional. La experiencia derivó posteriormente en seminarios que permitieron definir el perfil metodológico de los "grupos operativos". Esta metodología tenía sus fuentes en el psicoanálisis, la entonces naciente corriente de la dinámica de grupos y los desarrollos del Instituto Tavistock de Relaciones Humanas de Inglaterra.

A partir de la experiencia "Rosario", Ulloa comienza a establecer las diferencias entre el encuadre psicoanalítico

---

99. Caplan, Gerald, *Support Systems and Community Mental Health: Lectures on Concept Development,* New York: Behaviorals Publications, 1974.
100. Ulloa, Fernando, *Novela clínica psicoanalítica. Historial de una práctica,* Buenos Aires-Barcelona: Paidós, 1995.

y el operativo. Delimita criterios de pertinencia y lineamientos basados en un enfoque específico del nivel de trabajo en un ámbito grupal, institucional, comunitario. Aporta luego una muy nutrida y rica casuística vinculada con la variedad de estos ámbitos y desde la perspectiva de la salud mental.

En torno al trabajo de cátedra en la Facultad de Psicología de la Universidad de Buenos Aires, va consolidándose una asociación científico-profesional entre Ulloa y Bleger, a la sazón figuras de prestigio y predicamento intelectual en los ámbitos universitarios, en los que empieza a desarrollarse la disciplina psicológica. Ambos son, a la vez, protagonistas en Buenos Aires y en la Argentina de la década del '60 al '70, de un movimiento clínico-psicoanalítico y asistencial que irradia estímulos y desarrollos en espacios geográficos y sociales muy diversos. Se delimita, así, entre otros, el método, la práctica y la teoría de la Psicología Institucional. Por su lado, Ulloa desarrolla además un dispositivo grupal que le permite trabajar con un centenar de personas en forma simultánea, al que denomina "Asambleas clínicas", aplicándolo en su enseñanza universitaria. Este dispositivo es también llevado a intervenciones en ámbitos hospitalarios y educacionales variados. El método ofrece la posibilidad de reflexión y dramatización ejemplificadora de temas y conceptos implícitos en un programa de enseñanza. Tal recurso prueba ser muy eficaz para abordar la problemática intersubjetiva enmarcada en un ámbito social comunitario.[101]

A los fines de clarificar la especificidad del método clínico operativo, señala Ulloa: "En la modalidad operativa, la intervención se juega en el 'para qué' prospectivo: la

---

101. Ulloa, Fernando, *op. cit.*

intencionalidad de la conducta. (...) Aquí todo acontecer es examinado no como reproducción, aunque lo sea, sino como un ensayo para un después y afuera...", y más adelante insiste: "el tiempo es prospectivo, es proyecto que tiñe el presente desde un mañana ensayado".[102]

En un sistema afectado por una crisis, lo que se verifica durante el período de *shock* no sólo es la ausencia de un proyecto o plan estratégico valedero, sino la suspensión temporaria de la habilidad para encararlo.

En varias oportunidades, este trabajo se ha referido a la paralización del planeamiento y a la aparente falta de proyecto que caracterizan a las situaciones de crisis. Por lo tanto, desarrollar un método que permita recuperar su orientación promete ser productivo. Ayudar a que los miembros comprometidos en la conducción asuman una disposición proactiva, centrada en la reconsideración del proyecto, constituye una actitud constructiva que concita el interés y la participación.

Esto supone subrayar la dimensión intencional de la conducta, hecho que ofrece una perspectiva dirigida al contexto y al futuro, que se examinan para lograr reorientar el sistema. Y la orientación surge de las propuestas de la escuela de Palo Alto, aportadas por Gregory Bateson y Paul Watzlawick, reiteradamente citados aquí.

Tal enfoque y modo de enfrentar el problema del sistema son no solamente prácticos, sino también epistemológicamente razonables. Considerar la intencionalidad de la conducta dirigida a metas no implica desconocer la historia que nutre la experiencia y que transcurre en una realidad temporal signada por el gradiente pasado-presente-futuro.

---

102. Ulloa, Fernando, *op. cit.*

En la situación actual de los sistemas en crisis, puede descubrirse siempre un proyecto latente, así como una experiencia previa que condiciona la visión que en el presente se tiene del futuro. Para explicar este hecho, Bleger alude, en *Psicología de la conducta,* a tres encuadres necesarios y complementarios en el estudio de la conducta, representados por las diferentes corrientes en psicología: a) el encuadre histórico-genético; b) el encuadre presente o situacional, centrado en el aquí y ahora de la conducta, descrito en especial por Kurt Lewin; y c) el encuadre prospectivo, cuyo precursor en psicología fue Brentano, y que marca la importancia de una intencionalidad orientada a un futuro por ser creado o deseado.[103, 104]

Adoptando una postura integradora, holística, global, para el estudio de la conducta, y superando falsos reduccionismos o simplificaciones en las concepciones vigentes, Bleger llama "encuadre de la continuidad genética" a la integración de los tres encuadres.

Para describir y, en especial, poder hacer predicciones confiables acerca de la dirección de ciertos cambios y procesos, es necesario adoptar una perspectiva amplia que abarca una secuencia de eventos y acontecimientos. La direccionalidad de un acontecimiento convoca la existencia de períodos y esto remite necesariamente a un intervalo de tiempo macroscópico. La secuencia temporal amplia involucra tanto el futuro como el pasado. El campo presente contiene necesariamente conceptos acerca del pasado y el futuro. Un individuo, un grupo, una organización no se orientan únicamente a partir de su situación presente: tienen expectativas, deseos, sueños que involucran una visión actual del futuro. También poseen opiniones acerca del

103. Bleger, José, *Psicología de la conducta,* Buenos Aires: Eudeba, 1962.
104. Lewin, Kurt, *Field Theory in Social Science, op. cit.*

pasado que nunca se ajustan por entero a la realidad, y sin embargo forman parte de su campo psicológico actual. Por ello, toda la perspectiva temporal completa está presente en una situación y en un momento determinado.[105]

Ulloa contribuye a explicar (ver cita) qué significa ubicarse frente a un episodio de conducta, buscando comprender su intencionalidad y sentido. Tal enfoque destaca un aspecto pragmático, práctico, que permite ligar el análisis de la conducta con la acción posterior. En ese sentido, la dimensión prospectiva que menciona se cristaliza a través de un proyecto siempre presente. El proyecto señala la orientación, aquello a lo que tiende la conducta y que posee una significación fundamental para el logro de una resolución satisfactoria, dirigida a una adaptación proactiva modificadora del medio, pero también de los propios esquemas previamente internalizados. Dada la importancia de esta dimensión, en nuestra propuesta de las siete dimensiones que deben ser consideradas ante la desactualización y desorganización que –en una crisis– representa la ruptura, el proyecto se menciona en primera instancia.

La orientación prospectiva –que vincula asimismo el proyecto con el ambiente– no sólo se aplica a las organizaciones humanas sino también a toda forma de organización viviente: caracteriza, por ejemplo, a la organización de la colmena, así como los movimientos dotados de sentido que asume el cardumen, y que tienden a consolidar el aprendizaje que permite al conjunto de individuos resolver los problemas que les plantea la adaptación (consecución de alimentos, necesidad de evitar a los depredadores

---

105. Lewin, Kurt, *Field Theory in Social Science;* Cap. III: "Defining the Field at a Given Time", London: Tavistock Publications, 1952. (Hay traducción en castellano: *La teoría del campo en la ciencia social,* Buenos Aires: Paidós, 1978.)

externos), tal como surge de las investigaciones de Luis Levin.[106]

Podemos decir, entonces, que toda organización, todo organismo vivo, tiene como imperativo y fin último el cumplimiento de metas o proyectos. En esto consiste trabajar y en ello se ve comprometida la vida misma.

Al hablar de la orientación intencional a metas como característica central de todo organismo vivo, Jaques –en uno de sus últimos libros, *Life and Behaviour of Living Organisms*– destaca la importancia fundamental del concepto de trabajo para el ser humano y para la vida en general.

En efecto, el concepto de trabajo es central en el edificio teórico que construye este autor, y al describirlo, señala algunos factores principales ligados con él. Jaques define el trabajo como *"el uso del juicio y el discernimiento empleados en la toma de decisiones, para cumplir con metas o proyectos –establecidos o por establecer– por el individuo"*.[107] El trabajo constituye así una conducta dirigida al cumplimiento de metas, conducta que, a la vez, implica elecciones, decisiones, el uso del juicio y el criterio, enmarcados en períodos diferenciales de tiempo. El espacio y el tiempo brindan, en efecto, marco al trabajo. El autor puntualiza, además, un método simple y sencillo para medir los niveles de complejidad del trabajo-proyecto en función del tiempo que insume el cumplimiento de las metas comprometidas. Y al proponerlo, se apoya en una correlación directa que descubre empíricamente entre el nivel de un rol evaluado, el nivel de la responsabilidad asignada y las expectativas remunerativas.

---

106. Levin, Luis; Vergara, Enrique; Pérez, Jerónimo, "Liderazgo diversificado en peces; mecanismo grupal en la solución de problemas", *Memorias del Instituto de Biología Experimental*, vol. 141-144, Venezuela, 1998.
107. Jaques, Elliott, *The Life and Behaviour of Living Organisms. A General Theory*, Connecticut-London: Praeger Edit Westport , 2002

Cuanto más alta es la complejidad –nivel de un rol– mayor es la responsabilidad involucrada por la que se rinde cuentas y mayores las expectativas de retribución. Esta formulación, expresada en términos generales, forma parte de instrumentos de medición que ofrecen resultados traducibles a una dimensión escalar basada en intervalos de tiempo coincidentes con los del nivel de complejidad y de retribución. Se trata de la metodología del *time span,* que en nuestra experiencia nos ha resultado muy útil para definir niveles de complejidad y estructura de remuneraciones coincidentes con las necesidades de una organización y de una población concreta.

El sentido que damos aquí al concepto de *proyecto* en el proceso de resolución de una crisis, está muy ligado con el concepto de trabajo de Jaques y, por lo tanto, resulta particularmente útil para aclarar este aspecto de la intervención en las situaciones que se describen. Según lo antes expresado, el tiempo de un proyecto configura una variable objetiva, susceptible de medición. El lapso que transcurre hasta arribar a la meta da una medida de la complejidad y de la responsabilidad involucrada. Permite entender más cabalmente la naturaleza de los procesos y el aporte de la resolución a la consolidación del crecimiento y desarrollo del sistema.[108]

El marco de trabajo en consultoría para la contención de la ansiedad

En los momentos iniciales de una crisis pueden advertirse signos de desorientación y confusión, favorecidos por la irrupción masiva de la ansiedad, componente fundamental vinculado con el contenido subjetivo que surge de la viven-

---

108. Jaques, Elliott. *The Life and Behaviour of Living Organisms, op. cit.*

cia de riesgo. La contención de la ansiedad es un objetivo básico que permite reencauzar un sistema desbordado por la desactualización de sus límites y acosado por riesgos.

Según Käes, la crisis puede conceptualizarse como un proceso de transición que transcurre entre una ruptura y una sutura. Cabe destacar, en este proceso, la importancia estratégica del encuadre, del marco de contención de la ansiedad que permite dar a la situación crítica un continente de regularidad para su despliegue. La relación "continente-contenido", "forma y función", de los sistemas vivientes, permite encarar y encauzar un proceso de cambio creativo. El encuadre de la intervención que contribuye a consolidar una relación de contención requiere una formulación específica.

Winnicott –citado por Bleger– llama *"setting"* al encuadre, y lo considera como "la suma de todos los detalles de la técnica".[109] Significa la provisión y acuerdo de parámetros de espacio y tiempo que permiten definir un ámbito protegido y un contrato para enfrentar una situación crítica emergente. El encuadre constituye un punto de partida para crear un dispositivo que habilite la consideración reflexiva del proceso involucrado. Al cumplir con la función latente de un marco estable y seguro en el tránsito incierto hacia un restablecimiento buscado, el encuadre permite lograr una separación progresiva, una toma de distancia y una visión en perspectiva, superadora de la indiscriminación, de la confusión inicial que afecta estos procesos.

Käes llama a este proceso "transicional", y desarrolla el enfoque y el método del *análisis transicional* para designar la zona intermedia de la experiencia y el proceso de pasaje,

---

109. Bleger, José, "Psicoanálisis del encuadre psicoanalítico", en Käes, René, *Crisis, ruptura y superación*, Buenos Aires: Ediciones Cinco, 1979.

a partir de la ruptura de la continuidad. La incertidumbre, que constituye una ansiedad central característica del proceso de crisis, responde a un estado de desasosiego asociado con el restablecimiento de la continuidad. En esta búsqueda inicialmente incierta, el sistema intenta recuperar su equilibrio, que involucra la confianza, la integridad y una relación más armónica con el entorno.[110]

El "dispositivo grupal" es propuesto por Käes como encuadre adecuado para examinar la experiencia individual y grupal de ruptura de la continuidad en la relación con las cosas, y en las relaciones consigo mismo, con los demás y con el medio circundante. Ofrece un *espacio transicional* para metabolizar y *elaborar* la incertidumbre que emerge entre la ruptura y la resolución.

Se trata de un espacio que permite transitar entre dos estados: el anterior a la crisis y el de la recuperación, o de la reinserción en una situación que representa un cambio deseable y buscado. Por ello podemos hablar de un espacio intermedio.

La importancia del dispositivo grupal para el análisis de la transición se funda en el hecho de que todo proceso de formación personal y de desarrollo individual se sustenta en una multiplicidad de apoyos provenientes de las figuras de identificación primaria, del sí mismo y de la relación con los otros. El grupo ofrece una estructura de solidaridad y apoyo suficientemente estable, proveniente de un conjunto de personas que colaboran para enfrentar los procesos dolorosos de "construcción-deconstrucción" de la crisis. Se trata de un "espacio de apoyatura" que se da, no sólo por pertenecer a una red, sino también por rubricar un compromiso emocional sostenido a

---

110. Käes, René, "Introducción al análisis transicional", en Käes, René y otros, *Crisis, ruptura y superación*, Buenos Aires: Ediciones Cinco, 1979.

través del "apoyo mutuo", y que actúa como sistema de contención para la readaptación transformadora: confirma un contrato de reciprocidad en el placer del encuentro con otros y en el compromiso, dice Käes. El encuadre grupal contiene un mensaje reparador para los participantes. La pertenencia es sustento de la identidad, y de allí que tenga efecto en la reestructuración de la personalidad.

El marco espacio-temporal que ofrece la consulta contribuye también a examinar la transición. Más precisamente, implica un pacto para la construcción de un ámbito de reuniones fijas y periódicas, un espacio-tiempo concertado, a fin de que el proceso de la crisis pueda desplegarse y ser considerado, observado, reflexionado.

El proceso requiere una actividad reflexiva a través de la cual van encarándose temas específicos que han de ser investigados, y que poco a poco ganan significación a partir del marco teórico. Los cambios necesarios se tornan evidentes para la experiencia consciente que los recupera y modela, al final del proceso, por medio de la planificación. Obviamente, en el curso de la tarea aparecen comprometidas, tal como puede observarse, las emociones básicas, las ansiedades propias de la situación y, al mismo tiempo, se produce la recuperación emocional de los sujetos involucrados. La restauración conduce a una visión renovada de la realidad externa, a una perspectiva distinta que asimismo implica un rediseño de la estructura de la totalidad del sistema en cuestión.

Ante una realidad acuciante de cambios permanentes, impredecibles y erráticos, que imponen rupturas de límites, es muy útil rescatar y proponer un marco libre de interferencias. Se trata de un encuadre para examinar, en principio, el trabajo y sus vicisitudes frente a los cambios. Esta es una actividad solicitada cada vez más frecuentemente por sistemas sociales diversos, para restaurar procesos bloqueados o perturbados por situaciones críticas.[111]

Es preciso hacer un comentario y una aclaración vinculados con la insistencia del encuadre grupal para encarar los procesos de crisis. En el libro de Mendel *Sociopsicoanálisis,* Patrice Ranjal escribe un capítulo al que titula "Grupitis y no directivitis", donde se refiere a una moda surgi-

---

111. Käes alude a tres formas de elaboración, que son parte del proceso de transición: la primera concierne a la capacidad del sujeto para inventar (encontrar-crear) en una situación signada por la incertidumbre transicional, actividad que acontece en un espacio potencial (concepto acuñado por Winnicott).

Una segunda forma de elaboración alude a la aparición de un espacio vacío, al que el autor denomina *tiempo de la nada, de la muerte vacía y de la muerte psíquica.* Esto supone que, como condición necesaria para progresar en el proceso de búsqueda de soluciones, a fin de que puedan instaurarse conceptos o ideas nuevas, se necesita pasar por la sensación de vacío, aceptar la ausencia, la impotencia de estar desorientado.

Una tercera forma de elaboración alude a la emergencia de un *espacio objetivo reificado, tiempo lleno,* donde tanto el objeto real y el otro como la pura subjetividad *ocupan el espacio hasta completarlo.* Este es un momento más proactivo, centrado en el trabajo de restitución, en el que comienzan a emerger soluciones creativas.

Por lo tanto, el *espacio transicional* es de presencia y de ausencia; este espacio se juega dentro de un encuadre, que permite fijar las condiciones facilitadoras de la capacidad de re-establecer, en la experiencia de sutura, símbolos de unión, de cohesión, surgidos de las relaciones entre sujetos que se despliegan dentro de un encuadre, contenedor, espacio transicional y potencial.

En síntesis, la *transicionalidad* designa una experiencia que se juega en un espacio y un tiempo concertados. Implica un pasaje de un estado de unión-fusión con el medio, a un estado en el que el sujeto está en relación con ese medio en tanto algo externo y separado de él. La experiencia de separación se vive como ruptura en la continuidad psíquica y social. Involucra relaciones que ocurren y que enmarcan el proceso. Como su culminación, un estado anterior de unión ha sido sustituido por un estado sentido como exterior. Durante el trayecto, se experimenta la incertidumbre que genera la ansiedad por un eventual fracaso, representado por la imposibilidad de lograr una nueva unión, símbolo de creación, de completamiento, de llenado del vacío.

da a partir del auge de la *dinámica de grupos* y de la *no directividad* de Rogers, consistente en el empleo abusivo de la metodología grupal y de la toma de decisiones centradas en el grupo, supuestamente participativo y autónomo respecto de una autoridad central. Estas modalidades han sido profusamente divulgadas por las prácticas de formación o de intervención psicosociológicas.

En muchas ocasiones la metodología grupal propuesta supone dividir una audiencia numerosa en pequeños grupos de individuos, diagramados o diferenciados a los fines de una intervención particular. En estos casos, la unidad de análisis es el propio grupo y la dinámica se analiza en función del aquí y ahora grupal.

Evaluando la experiencia, cabe considerar que el grupo no constituye el único recurso metodológico posible para transitar la crisis. Para introducir una postura proactiva y de cambio, pueden necesitarse otras modalidades de trabajo basadas en entrevistas individuales o en el aprovechamiento de equipos preexistentes, como, por ejemplo, un directorio, o un comité ejecutivo, o una integración de individuos que ocupan roles en diversos sectores y que fueron designados para resolver un proyecto especial de trabajo. Todas esas formas son diferentes del trabajo con grupos artificialmente constituidos.

Con referencia a este tema, anteriormente hemos mencionado un cambio significativo en las ideas y en el enfoque de Jaques, a partir del cual, más que poner el acento en el método grupal, comenzó a ponerlo en la organización misma considerada como objeto y como unidad de análisis más pertinente. El autor constató que es la situación organizacional, constituida fundamentalmente por una estructura y por procesos, la que debe establecerse en forma requerida y articulada para que la gente –una vez conocidas sus *respondibilidades* y autoridades específicas– pueda ser entrenada en su implementación. A partir de esta

afirmación, Jaques postula que si las condiciones organizacionales son *antirrequeridas*, se presenta un enorme potencial para la emergencia de conflictos destructivos. La mala
organización es *paranoigénica*, alienta la sospecha y la desconfianza. La buena organización, en cambio, alienta la confianza mutua. Con este enfoque se produce un viraje en los
temas de la intervención. Se comienza a prestar más atención a la estructura, la respondibilidad y la autoridad comprometida en los roles que se ejercen. No es a través del
cambio en las personalidades involucradas como se logra-
rán los cambios de la organización, sino por medio de la
clarificación de la estructura, las relaciones de dependencia y autoridad y las relaciones de trabajo, correctamente
definidas. Estas transformaciones ofrecen cambios más
substanciales y duraderos.

A partir del año 1952, Jaques se focaliza en lo que desde
entonces se dio en llamar *organización requerida*, un modelo completo que involucra un desarrollo teórico y que responde a una concepción de la organización como objeto.
El propio Wilfred Bion dejó de interesarse por las teorías
de la dinámica de grupo y cambió su orientación, cen-
trándose en la comprensión de los fundamentos latentes
de la conducta individual.[112]

Jaques, en un artículo destinado a la Asociación de
Consultores Americanos, ofrece un nuevo camino metodológico para encarar una organización en crisis, y sostiene la necesidad de comenzar por realizar un diagnóstico
ajustado que refleje en forma precisa las fuentes de los problemas que enfrenta el sistema. Basándose nuevamente en
el modelo clínico, señala que este requiere tres componentes: a) la descripción de los síntomas a partir de las des-

---

112. Jaques, Elliott, "On leaving the Tavistock Institute", en *Human Relations*,
vol. 51, N° 3, 1998.

cripciones de aquellos que experimentan los problemas; b) una investigación de los signos de los problemas –lo cual requiere el uso de instrumentos técnicos para el diagnóstico, que deben ser confiables– para determinar lo que está ocurriendo; y c) una teoría para interpretar y explicar el *pattern* de síntomas y signos. Observa también que en lugar de centrarse en las teorías de la personalidad y la dinámica de grupos se necesita contar con instrumentos diagnósticos y teorías que puedan ser adecuados para ocuparse de los fenómenos que considera relevantes, tales como la estructura organizativa, las respondibilidades y autoridades de los roles, el desarrollo del *pool* de talentos, el desarrollo de procesos, la evaluación de la efectividad personal, la revisión de los méritos, el análisis de la estructura de remuneraciones, la evaluación y medición del nivel de trabajo.[113]

Este fue el sentido que nos llevó a aportar el cuadro de las siete dimensiones de una organización (pág. 159), que muestra varios conjuntos de variables homogéneas que necesitan ser evaluadas y diagnosticadas para arribar a conclusiones que conduzcan a una intervención particular. Cada una de las dimensiones ofrece parámetros de observación fácilmente transformables en instrumentos de medición confiables. En conjunto, a su vez, constituyen un marco teórico al cual poder referir el diagnóstico. Tal como surge de las siete dimensiones, ellas se ofrecen, igualmente, como pasos o escalones que han de encararse en un orden secuencial lógico, como para arribar a una visión global, y poder interpretar los problemas que aquejan a un sistema social determinado.

El programa de reuniones y entrevistas que demanda la realización concreta de una etapa diagnóstica dependerá,

---

113. Jaques, Elliott, "Diagnosing Sources of Managerial Leadership Problems for Research and Treatment", *Consulting Psychology Journal: Practice and Research*, vol. 53, N° 2, 67-75.

en cada caso, de la forma en que está organizado el sistema. Por ejemplo, en las empresas ejecutivo-jerárquicas las entrevistas individuales con el o los ocupantes de los roles clave constituyen un recurso importante. No hay que olvidar que en las situaciones de crisis se requiere revisar el proyecto e instrumentar planes que contengan una visión innovadora de los problemas a enfrentar por parte del sistema. Esto, en el caso de organizaciones complejas, forma parte de la responsabilidad de un equipo de dirección de gerentes ejecutivos específicos, que rinden cuenta por ello. El valor agregado del aporte de líderes lúcidos o de equipos reducidos de trabajo que colaboran con ellos representa un recurso poderoso para desarrollar ideas.

A través de estas entrevistas individuales se pueden revisar las políticas existentes, promover mejores niveles de adaptación con el medio y lograr la integración interna.

En el proceso diagnóstico suele ser muy útil realizar una evaluación prolija de los roles involucrados, utilizando la metodología del *time span*.[114] Esto permite arribar a conclusiones referidas a la organización existente, que deberá ser contrastada luego con la que surge como la necesaria, la cual –desde un punto de vista teórico– seguramente coincidirá con *la organización requerida*. La existencia de más o menos estratos que los que una organización necesita según su proyecto y estrategia constituye, por lo general, un asunto disfuncional.

En muchos de los enfoques de intervención descritos por diversos autores se encuentra –como ya se destacó– una sobreutilización del dispositivo grupal como única forma de intervención. Aquí, en cambio, se sugiere aprovechar los dispositivos o ámbitos de reunión existentes, y ayudar-

---

114. Para una visión sistemática de esta metodología, ver: Schlemenson, Aldo, *La estrategia del talento*, Buenos Aires: Paidós, 2002.

los a ser más efectivos de acuerdo con los propósitos que han presidido su constitución.

En los servicios hospitalarios, o aun en el trabajo con escuelas o cooperativas, son muy útiles las asambleas descritas por Ulloa, porque ayudan a que un grupo numeroso de personas que tienen un problema o una inquietud común puedan hacer uso de un ámbito especialmente diagramado –en el cual la representatividad se hace directa y la participación de los actores sociales es más plena– para poder hacer una exposición amplia de sus problemas y jerarquizar su importancia.

El contrato y el contenido de la intervención

Se puede emplear el concepto de *contrato* para referirse al establecimiento de acuerdos entre consultor y cliente. El contrato resume un conjunto acordado de expectativas recíprocas que planifican una intervención para encarar un proceso.

El contrato comprende, por una parte, un marco de contención y un dispositivo reflexivo para encarar una situación de crisis muchas veces urgente. Supone la provisión de un marco referencial relativo al sistema de que se trate y que contiene un conjunto de temas que deben tenerse en cuenta sergún el diagnóstico previo. El esquema de las siete dimensiones expuesto en el capítulo anterior resume los grandes temas que se necesita encarar para recomponer el sistema. En conjunto configuran un enfoque integral sistémico para enfrentar un caso.

El establecimiento de normas explícitas y claras abarca: tiempo de dedicación, independencia profesional, honorarios, formas en que se transmitirán los resultados, destinatarios de los mismos, compromisos éticos, normas de confidencialidad, tareas que se considera pertinente realizar, tipo de responsabilidad involucrada por las partes, etcétera.

Todos estos son asuntos que deben ser explicitados y aclarados en las etapas iniciales, y formar parte del contrato.

El plan de trabajo que acompaña al contrato deben contener los siguientes puntos:

- Definición de necesidades de la organización. Supone un relevamiento de expectativas de los miembros involucrados en el proyecto.
- Clarificación de los objetivos de la intervención: resultados que en forma realista suelen esperarse.
- Definición de un programa de actividades: entrevistas, reuniones grupales, establecimiento de etapas y tiempos.
- Fijación de la forma de transmisión de los resultados de la intervención. Proceso de devolución e informe.
- Honorarios.

Tanto los principios que regulan el funcionamiento del equipo profesional como el plan de trabajo acordado son transmitidos a través de un documento que se hace circular entre los miembros del sistema, clientes que tienen la facultad de establecer el contrato. Se puntualiza cuál es la información que se va a considerar pertinente, se aclara que todas las entrevistas relacionadas con el proyecto serán realizadas mediando el acuerdo explícito de los participantes, y se recuerda el carácter voluntario de la participación. Sólo la información considerada pertinente formará parte de los informes, sin identificar específicamente a los individuos que la suministraron.

Las evaluaciones individuales de las personas involucradas no son consideradas información pertinente. Las entrevistas no son utilizadas para evaluar personas. Con esto se busca dar garantía de seguridad y confianza a los entrevistados.

En la medida en que los miembros de la organización van pudiendo comprobar la veracidad de estos acuerdos enunciados se produce una progresiva apertura en las comunicaciones, que se hacen así más abiertas, fluidas, permitiendo tomar contacto con opiniones y aspectos más esenciales referidos a los problemas centrales.

La modalidad descrita que se sugiere para el rol del analista que interviene, caracterizada por la independencia profesional, la neutralidad y la naturaleza no ejecutiva, no evaluativa de la función, va a consolidar las relaciones de confianza y colaboración que son las que permiten tomar contacto con los auténticos problemas del sistema.

El modelo contractual expuesto, la ética profesional que supone, forman parte en definitiva de las condiciones que permiten la realización de un proyecto de análisis organizacional.

Errores frecuentes en las intervenciones

Es usual advertir en un sistema en crisis signos de desactualización, que implican incongruencias entre ese sistema y el contexto –más amplio– en el que está inserto. Asimismo, suele ocurrir que los individuos comprometidos no hayan tomado conciencia de estas desactualizaciones, que representan desajustes u omisiones, por ejemplo, en la lectura de las demandas. Tales actitudes, que por lo general retardan el proceso de recuperación, revelan la existencia de mecanismos de omisión que operan frente al impacto. Se han dado ejemplos de este tipo de errores al hablar de las incongruencias entre contexto y metacontexto en un ámbito escolar o educacional específico. El proyecto educacional se desactualiza en relación con los cambios provenientes de las demandas del cliente externo representado por los padres. Las necesidades que estos plantean varían con las modificaciones que ocurren en el contexto más amplio. Si la dirección deja de percibir los signos de inadecuación, comienzan a surgir desajustes o "ruidos" en los procesos comunicativos entre ambos grupos, que derivan en conflictos. Después de distintos incidentes críticos, se impone la necesidad de redefinir en forma realista el proyecto, hecho que implica una renovada lectura de la demanda.

Muchas veces, la toma de decisiones correctivas ante este tipo de dificultades se demora, debido a errores en la lectura de la demanda. Decodificar tempranamente las necesidades que se hallan tras las demandas específicas constituye una habilidad que posee todo emprendedor proactivo. Algunos líderes son muy hábiles en la detección de estas necesidades y de las demandas cambiantes y deseos del cliente externo, que varían con los cambios en el contexto.

Los impedimentos para actuar a tiempo provienen del tironeo de intereses conflictivos entre grupos de poder interactuantes que perciben el riesgo de perder ciertas ventajas o privilegios. En el caso de las escuelas y en lo referente a las relaciones entre la dirección y los padres, un cambio en el proyecto educativo buscado puede requerir, por ejemplo, nuevas inversiones que a la dirección no le resulta posible afrontar.

Pero no siempre las tendencias a retardar la realización de cambios provienen de un conflicto de intereses. En otros casos, surgen de la rigidez de los esquemas incorporados, que impiden la visión original e innovadora que se necesita para enfrentar el problema. Una solución original requiere la posibilidad de pensar un metaencuadre, una perspectiva que abarque una visión inclusiva de ambos grupos en interacción, y que dé por resultado una transformación de segundo grado, superadora del dilema ganar-perder.

Para explicar la tendencia a resistir los cambios, Peter Marris alude a la relativa persistencia y rigidez de los esquemas incorporados, condición, por otra parte, imprescindible para la adaptación al medio. A fin de adaptarse e interpretar los datos de la realidad circundante, todo sistema, todo individuo, necesita realizar predicciones confiables referidas a los sucesos que se producen en el ambiente. El cambio abrupto de los eventos externos es profundamente perturbador. Los nuevos hechos invitan a una amplia revisión de los esquemas internalizados. Surge una resistencia que expresa un impulso conservador tendiente a preservar y restaurar un pasado conocido. Tal mecanismo es defensivo y resulta tranquilizador. Siempre se enfrenta la realidad externa a través de un esquema internalizado de percepciones, que orientan el sentido y el propósito de la conducta dirigida a metas. Este esquema, puesto que no es flexible, puede ser superado por la velocidad de los cambios propios de la experiencia cotidiana. Los esquemas internos de sentido y significado que orientan la conducta se aprenden en el contexto de relaciones y circunstancias específicas. La modificación de estos esquemas no es sencilla, por estar atravesados por emociones. Predomina el apego afectivo que conduce a rechazar las desviaciones o eventos disonantes que se apartan de las conductas esperadas. Si bien hay una tendencia a continuar con los esquemas conocidos, la revisión termina por imponerse. Esto, como se dijo reiteradamente, precisa de una transición necesaria para el cambio y la revisión de esquemas.

El manejo de los conflictos en un ámbito social

El denominado proceso transicional, presente en una crisis, transcurre dentro de un marco de relaciones entre individuos y compromete al mismo tiempo intereses que se movilizan en tales situaciones. Encarar en forma explícita los

conflictos que surgen de la diversidad de intereses prota-
gonizados por los ocupantes de roles, sectores de la organización, forma parte de la esencia del proceso. A través de
ellos se juega el dinamismo de una crisis, se expresan las
contradicciones del sistema, sus tensiones y sus riesgos de
ruptura. Los apasionamientos son fuentes de energía. Ellos
expresan la ansiedad predominante en un momento determinado. Los conflictos no sólo son inevitables sino que constituyen el motor del cambio buscado. La cuestión no radica en suprimirlos, sino en "canalizarlos constructivamente".

Cuando se alude a los conflictos, es menester diferenciar entre:

a) Conflictos intrapsíquicos –por lo general de naturaleza inconsciente–, que se movilizan cuando cambia el
   marco continente de la conducta. Estos conflictos sub-
   yacen y están presentes en toda forma de conducta
   aberrante, hostil, disgregadora; en la desconfianza,
   en el autoritarismo o en los procesos de pérdida y
   duelo, que dan lugar a sentimientos de pesar y tristeza.
b) Conflictos interpersonales, basados en la confrontación de idiosincrasias y que comprometen la identidad diversa de actores y sus intereses.
c) Conflictos intergrupales, que se presentan dentro
   de un ámbito organizacional o comunitario determinado, comprometiendo sectores distintos o unidades de estructuras diversas.
d) Conflictos interorganizacionales, que suelen ocurrir entre empresas o instituciones que compiten
   por un recurso escaso o por el logro de un dominio. Esto se exacerba, por ejemplo, con la recesión
   económica. En ellos está comprometida la problemática del poder y del control.

Para que estos distintos tipos de conflictos adquieran
un sentido constructivo y prospectivo es preciso que la iden-

tidad y los intereses de los actores (grupos, organizaciones o individuos) sean reconocidos y respetados, tanto por los distintos involucrados como por quienes conducen el proceso.

La situación de crisis constituye, por lo general, un revulsivo que hace que la gente se desestructure y vuelque, en la relación con los demás, aspectos regresivos de su personalidad. Estos pueden asumir la forma de peleas, confrontaciones o una marcada agresividad.

El tratamiento de los conflictos en un ámbito organizacional no pasa necesariamente por su elaboración, sino por la implementación de tácticas adecuadas a la índole de los mismos.

Instaurar entre los empleados un dispositivo de comunicación interpersonal abierta puede resultar perturbador, y estimular tendencias regresivas de conflicto. Señala Jaques que en el mundo adulto –como lo es el del trabajo– la gente debe ser cordialmente invitada a dejar su psicopatología en casa. Esto implica apelar a una disociación instrumental de los conflictos intrapsíquicos, basada en el hecho de que todo individuo que trabaja puede hacerlo sin que ello exija entrenamiento, sino sólo un manejo adecuado de la problemática personal.

Los conflictos de naturaleza intrapsíquica (de los que se nutren los interpersonales) comprometen no sólo la identidad, sino también la subjetividad y los aspectos irracionales de naturaleza profunda. Es menester tener en cuenta que las personas, en aras de la preservación de su intimidad, eligen no develar sus conflictos intrapsíquicos en un ámbito público. Los estilos de personalidad que inciden en el desempeño de roles se alimentan de esta fuente de conflictos. Por ello, el tratamiento de los estilos de personalidad –y la pretensión de modificarlos– se hace muy difícil en un ámbito social, organizacional o laboral. Las metodologías de abordaje para el cambio de actitudes pueden constituir una invasión de la intimidad que vulnera el derecho a la privacidad. Cada uno trabaja con su propio estilo. No hay una personalidad específica que habilite a alguien a ser líder o gerente, por ejemplo. Aun personas por naturaleza retraídas pueden desarrollar con efectividad roles gerenciales o de liderazgo. Detrás del *análisis de las competencias,* que pasa por los estilos de personalidad, muchas veces se pretende homogeneizar conductas, y esto, además de constituir un elemento de coerción, limita la búsqueda de un perfil propio, potencialmente innovador.

Para un consultor, coordinador o analista externo –y también para un gerente o director– puede ser provechoso comprender y tener en cuenta la naturaleza de los conflictos intrapsíquicos involucrados, que en muchas oportunidades se convierten en "baluartes resistenciales" muy poderosos, capaces de bloquear el proceso de resolución creativa de la crisis. Pero tener una capacidad de lectura de los significados profundos de las conductas individuales en un ámbito social no implica pretender cambiar la personalidad de los involucrados, ni hacer comentarios públicos a su respecto. Los informes sobre rasgos de personalidad de individuos que están insertos en una situación de trabajo, por ejemplo, son altamente perturbadores y, de hecho, vulneran la intimidad.

Cuando las condiciones en que trabajan los individuos y las políticas que rigen los sistemas contemplan adecuadamente las necesidades de una personalidad normal, se produce en esas personas una sensación de tranquilidad que les permite trabajar mejor y colaborar entre sí. Las buenas políticas y las estructuras de roles bien diseñadas obran como contenedores de los conflictos y reacciones interpersonales.

En esto se basa el concepto de organización requerida, de Jaques, que, revirtiendo la perspectiva, busca contener mejor los conflictos interpersonales, cambiando el marco organizativo de la conducta, haciéndolo más adecuado. El camino opuesto supone, como se señaló antes, pretender un cambio individual de las personas a fin de cambiar la organización. Los conflictos en un ámbito organizacional son detonantes de una disfunción organizativa. Muestran la ausencia o falta de una resolución o diseño que compromete, por ejemplo, el contenido de los roles, o mecanismos de trabajo y de relaciones entre roles que de estar en funcionamiento resolverían el conflicto. Jaques dice que cuando hay un conflicto interpersonal siempre es necesario primero mirar la organización. Sólo cuando se agotaron los recursos para resolver los problemas organizacionales, pueden pensarse verdaderos motivos de personalidad como determinantes de los conflictos.

Muchas veces los llamados métodos de *open windows* no son otra cosa que métodos cuasi terapéuticos.

Persiste esta tendencia en algunas prácticas de consultoría que se centran en el análisis de actitudes inconscientes o rasgos de personalidad supuestamente disfuncionales. El ámbito indicado para este tipo de análisis es el de la clínica psicológica, que no debe ser auspiciado por una organización o empresa en particular, sino elegido libremente por las personas que desean emprender un camino de esa naturaleza.

Cuando los abordajes de trabajo social no respetan las premisas que la gente y la personalidad normal necesitan para relacionarse en un ámbito público, el proceso se entorpece, se convierte en un motivo de tensión, altamente confusionante para los sujetos involucrados, y estimula conductas regresivas. Cuando se traspasan ciertas barreras, intentando incursionar en aspectos que hacen a rasgos de personalidad, se incurre en cierta forma de invasión de la intimidad.

Una vez más, lo adecuado es tener en claro el nivel de análisis correcto, que pasa por reconocer la diferencia entre el ámbito social –donde los individuos comparten una situación, por ejemplo, laboral– y una problemática individual, personal, íntima.

A esto se refiere Ulloa cuando alude a cuestiones de pertinencia, que apuntan a estrictas condiciones de "seguridad psicológica", necesarias para que la gente pueda involucrarse sin ver vulnerada su intimidad. Un ámbito en el que estas premisas no cuentan puede resultar intimidante y generador de desconfianza.

Tal garantía es necesaria para que cada uno pueda trabajar y aportar su experiencia sin ver expuesta su intimidad.

Las diferencias idiosincrásicas deben ser respetadas

La resolución de una crisis y de la transición que conduce al cambio involucra a grupos que poseen, dada su extracción cultural, una idiosincrasia, una modalidad particular. Esta se manifiesta en una disposición para actuar y expresarse socialmente, y se basa en rasgos de comportamiento ligados a una nacionalidad, una clase, un estrato social u organizacional. Dan cuenta de un estilo, una modalidad, una convicción ideológica, valorativa, etcétera. Revelan la identidad nacional, ocupacional, tribal, de clase, de género, propia de sus grupos de pertenencia.

Las identidades idiosincrásicas reclaman el respeto de su condición autónoma, y están asociadas a valores y derechos. Los actores implicados en un proceso de cambio originado en una crisis deben sentir que los eventuales nuevos cambios que surgen o que se proponen respetan las idiosincrasias locales, que no son ajenos a su propia identidad grupal. Esto requiere, en todos los casos, un proceso de asimilación gradual, y supone una lucha por mantener derechos adquiridos.

Parte del proceso de cambio consiste en considerar, estudiar y tener en cuenta la identidad del grupo al que van dirigidos los cambios, y la forma en que estos pueden afectar la idiosincrasia y los intereses vinculados a esas cuestiones.

Siempre es necesario, entonces, evaluar el carácter disruptivo que pueden tener los cambios en función de las circunstancias culturales del grupo.

El cambio compromete un aprendizaje social que es parte de un proceso adaptativo.

A través de la resolución dinámica de los conflictos, va instaurándose y consolidándose una nueva estructura de significados que garantizará la continuidad del proceso organizacional. Transitar tal proceso es inevitable, y crear un ambiente apto para que esto pueda ocurrir forma parte de una estrategia de conducción del cambio.

La adaptación al cambio se caracteriza por la búsqueda de un equilibrio entre el organismo y su medio ambiente, entre las personas y su entorno social; adaptación que sigue –como ya se ha señalado– el modelo de los procesos de aprendizaje.

La resistencia al cambio y el impulso conservador forman parte de toda conducta normal, y ambos rasgos intervienen en el proceso de aprendizaje, por lo general, demorándolo. Frente a estas premisas hay que concluir que es menester dar tiempo y tener paciencia; escuchar y, a la vez, explicar.

CAPÍTULO 8

ALGUNAS ENSEÑANZAS
QUE SURGEN DE LA CRISIS

Síntesis

- La crisis es parte de un proceso que compromete un sistema complejo, el cual constituye su objeto.
- Las crisis consideradas en este trabajo tienen una doble condición: afectan a un sistema particular –objeto de interés–, y a la vez a su contexto. Para operar sobre ellas no hay que perder de vista esta doble condición, pues de la lectura de los cambios que se producen en el contexto deberán deducirse las medidas transformadoras que deben operarse en el sistema menor. Para encararlas, es substancial entender que siempre están referidas a una transición entre una ruptura y una restitución que coincide con la resolución buscada. La transición compromete un "proceso de cambio", marcado por etapas. Tal proceso se inicia como una tensión producida por una desactualización generalizada: las claves que permitían comprender la realidad externa ya no responden, los códigos han cambiado y ello genera confusión y regresión progresivas que parecen amenazar la integridad misma del sistema.

En etapas más avanzadas, cuando el proceso de cambio es exitoso, la crisis comienza a mostrar aspectos constructivos y soluciones innovadoras para el sistema. En efecto, la creatividad –en la que hay que apoyarse– constituye el dato vital positivo más importante del sistema.

- La crisis es recurrente: ella constituye un rasgo distintivo del desarrollo de todo sistema social. Por eso el proceso de cambio que se impone al remontarla es constante y, enfocado desde una perspectiva constructiva, también puede aportar al mejoramiento continuo.

- Lo que se ha dado en llamar "globalización" forma parte de un proceso de cambio que afecta una serie abierta de contextos incluyentes. Las características, leyes y principios que gobiernan este proceso están asociados con la idea de "contexto turbulento". La textura turbulenta del contexto se advierte por un ritmo de cambio rápido y abrupto –vertiginoso–, de ciertas condiciones y variables que lo caracterizan. Dado ese ritmo –y la imprevisibilidad de los cambios–, el proceso implica violencia para el sistema incluido, que no tiene sino la imperiosa alternativa de adaptarse a él.

- Así ocurre que, en el derrotero desestructurante de la crisis, se presenta un pico de catástrofe a partir del cual el sistema exhibe cambios cualitativos que representan realidades dramáticamente distintas a las conocidas, y que por lo tanto son inéditas. Los esquemas que se empleaban hasta ese momento para entender y adaptarse a la realidad pierden su eficacia, quedan desactualizados.

- Dada la inevitable necesidad de adaptación que se le impone al sistema menor, se requiere apelar a la ferviente búsqueda de soluciones innovadoras, difíciles de concebir en las etapas preliminares de la crisis. Será preciso transitar un proceso para que pueda instalarse una etapa francamente creadora, de búsqueda constructiva de soluciones.

- La ostensible crisis pone de manifiesto las falencias o debilidades del sistema, que no se perciben en épocas normales. Señala la caducidad e inefectividad de las soluciones encaradas hasta el momento y, en ese sentido, invita a una reformulación de las soluciones consabidas. En esto reside el problema por resolver: hay que ser capaces de realizar una lectura innovadora de las nuevas demandas que se presentan, porque en ellas está la clave del sentido de la crisis y de la propuesta profunda de cambios que contiene. En otras palabras, la crisis propicia cambios creativos, y por eso mismo es un revulsivo fundamental para lograr mejores niveles de integración del sistema. Ofrece una posibilidad importante para el surgimiento de nuevas ideas, tendencias y paradigmas: tal es la razón por la que se dice que la crisis termina cuando se instaura un nuevo paradigma equivalente a un cambio que, por su trascendencia, es más que innovador.
- La incertidumbre forma parte de la textura ambiental de la crisis. La transición –que implica el proceso hacia una búsqueda distinta– está signada por un monto masivo de ansiedad que muchas veces se impone como realidad, y que constituye el componente subjetivo de la crisis.
- La confianza ejerce un impacto fundamental en el derrotero constructivo de los cambios. Por ende, tanto ella como su contraparte, la desconfianza, juegan un rol principal. La esperanza cierta comporta una precondición para el logro de etapas constructivas y creadoras en el desarrollo.

- En esta particular crisis que vivimos, se advierte como tema central una cuestión referida a las figuras de autoridad. Una autoridad equilibrada, justa y respaldada por el talento aparece como faltante, nicho vacío que brega por ser llenado.

- De allí se desprende que los líderes, gerentes, autoridades de gobierno tienen una gran oportunidad, y juegan una función central para consolidar las tendencias estructurantes de la crisis. Si lo logran, están llamados a desempeñar un rol fundamental en la conducción del proceso. Las nuevas ideas y proyectos que puede aportar un líder constituyen el valor agregado más importante: son las ideas que permitirán la solución de los problemas que enfrenta el sistema. A fin de brindar un aporte significativo, los líderes desarrollan cierta capacidad de leer tendencias y decodificar e interpretar adecuadamente los nuevos signos de la época, necesarios para encontrar el rumbo que parece haberse perdido. Entre los nuevos códigos que son capaces de leer, están los nuevos gustos y necesidades emergentes. El talento de los líderes efectivos radica, por lo tanto, en su capacidad para leer tendencias y avizorar con anticipación necesidades no cubiertas, junto con la aptitud para modelar productos o servicios que permitirán satisfacer esas necesidades, muchas de las cuales aún no han terminado de establecerse fehacientemente.

- Siguiendo las consideraciones previas, hemos destacado dos conjuntos de competencias indispensables que el liderazgo requerido debe poseer: talento y ética, o sea consistencia cognitiva, y consistencia moral. Pero estos dos conjuntos tienen, como contrapartida, dos males de nuestro tiempo: la ausencia de visión e ideas para resolver las complejidades que deben afrontar los sistemas actuales (entre ellas, la pobreza, la injusticia o inequidad, la violencia e irracionalidad indiscriminadas, el mal uso de los recursos ambientales), y la crisis de valores, que compromete a la conducción.

- Podemos entonces hablar de un nuevo tipo de líder (director, jefe, gerente, propietario, etcétera), necesario para encarar los cambios y nuevos desafíos, que debe presentar las siguientes características:

  - Tiene que ser capaz de decodificar las nuevas demandas, de leer las claves de la época y de transformarlas en conceptos y metas claros, orientados a objetivos y resultados.
  - Ha de valorar el trabajo en equipo.
  - Debe hallar satisfacción en brindar servicios de calidad.
  - Tiene que ser capaz de definir un proyecto gerencial que agregue valor. En este sentido, necesita visión y capacidad para definir una estrategia dentro de un contexto internacional amplio.
  - Como persona, es preciso que sea creíble, seguro y confiable.
  - Debe estar orientado a la gente y al contexto. Debe tener como preocupación la preservación del ambiente. Tiene que poder mirar a sus colaboradores con una percepción generosa y al mismo tiempo justa, y distinguirlos en sus diferencias a fin de ayudarlos a crecer.

- Cuando una crisis logra adentrarse en las etapas de creación y construcción, el proceso termina en una reformulación significativa y profunda del sistema.
- El contexto y el ambiente ofrecen la dimensión más incluyente, y su lectura permite resignificar la crisis. Observando y detectando los códigos del con-

texto, los líderes creativos aprenden a descubrir las claves de su época.

- Adaptarse a la situación de crisis requiere una actitud proactiva. No se trata de una adaptación mecánica y alienante, sino transformadora, a través de la cual los individuos se modifican a sí mismos y, a la vez, modifican su entorno o medio ambiente. Este enfoque proactivo supone básicamente la reformulación de un proyecto que involucra a los individuos y a sus realidades grupales, familiares y organizacionales más próximas. E involucra igualmente el sistema de relaciones.

- Resolver la crisis envuelve un conjunto de aspectos temáticos, que pueden sintetizarse en un similar conjunto de dimensiones significativas que constituyen un sistema integrado.

La definición del proyecto es una de las tareas primarias que hay que considerar para revertir la crisis: la planificación estratégica. Las perspectivas y los enfoques actuales son marcadamente cortoplacistas, mientras que las estrategias requeridas deben, necesariamente, encarar el largo plazo. Hay una correlación directa entre la perspectiva del tiempo y la complejidad. Para resolver las complejidades actuales, resultantes del medio ambiente global o mundial, es preciso dar a las soluciones buscadas la perspectiva enriquecedora que otorga una visión de largo plazo. Se necesitan visionarios –esto es, individuos talentosos– para encarar tales problemas a través de nuevos enfoques creativos.

El hecho de hablar de largo plazo en las situaciones de crisis parece un sinsentido por cuanto en estos episodios aparece como dominante la necesidad de resolver una urgencia inmediata. Sin embargo, sin una visión estratégica de los problemas las soluciones carecen de profundidad. Lo que se necesita para enfrentar la incertidumbre del contexto es trabajar con escenarios alternativos y revisar periódicamente los supuestos de las predicciones realizadas, es decir, revisar con una frecuencia no mayor de un año los planes, pero siempre dentro de la visión amplia que implica el largo plazo.

- En los picos de catástrofe, las tendencias innovadoras –visionarias y talentosas– se encuentran aún en ciernes. El fenómeno creativo, que puede ser visto como emergente de una situación de crisis, revela –a nuestro entender– una capacidad de los sistemas humanos y sociales que propende a la construcción y al restablecimiento cuando se superan y elaboran ciertas etapas críticas. El fenómeno creativo se muestra en ciernes aun cuando, en etapas preliminares, predomina la desesperanza.

- Esto último nos permite destacar que la confianza y la esperanza constituyen una precondición para la salida de la crisis. Una batalla se pierde primero en el estado de ánimo del grupo que la acomete. Este hecho demuestra hasta qué punto las expectativas de la gente constituyen una entidad cuya realidad tiene más potencia que el impacto de una fuerza física.
El proceso de duelo ofrece una metáfora adecuada e interesante para entender este fenómeno. Ello revela que un cambio creativo se afianza cuando –luego de reconocer que la realidad ha cambiado– surge la aceptación constructiva que alienta a ir por más. Verificar la existencia de estas tendencias de cambio en la realidad actual constituye la perspectiva más esperanzadora del proceso de crisis.

- Sin embargo, para remontar la crisis no alcanza con el cambio de clima o con la visión esperanzadora.

Se necesita una redefinición de la estructura, entendida como el modelo ideal de roles, funciones y estratos que configuran o dan forma a una organización u organismo complejos. Es decir: a la estrategia le sigue la estructura requerida. En este trabajo, no sólo se jerarquiza y se da importancia al concepto de estructura, sino que se sugiere un método para llegar a la estructura requerida a partir del análisis de la estructura existente. Una estructura correctamente definida, con las funciones y los estratos necesarios, ofrece el marco continente adecuado para que los procesos fluyan armónicamente.

- La estructura requerida constituye un avance significativo para dar transparencia y credibilidad a la empresa u organización. El concepto del gerente *accountable* –que es "respondible", que rinde cuentas por el esfuerzo aplicado a la obtención de resultados y a quien, además, le corresponde hacerse cargo de la conducta de sus colaboradores directos– introduce un factor que afianza el compromiso, y que al mismo tiempo compromete –en una relación de ida y vuelta– a los equipos de trabajo. Para ello, gerentes, jefes, oficiales de gobierno, necesitan contar con una cuota de autoridad y de autonomía que respalde tales compromisos. La introducción de la función gerencial así concebida constituye una cuenta pendiente de los sistemas de administración pública y de gobierno.

- La crisis actual pone de manifiesto que ciertas formas tradicionales de conducción y de representación han caducado. El sistema ejecutivo-jerárquico necesita ser complementado por un sistema político, participativo, que permita, a los distintos grupos de poder, expresar sus opiniones, voluntades y necesidades a través de formas de democracia representativa. El cambio de los tiempos y de las tendencias en los grupos, en las poblaciones y en la idiosincrasia vigente, hace que deban ensayarse nuevas formas de representación y de democracia participativa que el público reclama para poder seguir legitimando, mediante su apoyo, a las figuras de autoridad. La restitución de la credibilidad que otorga aceptación y seguimiento requiere de las nuevas búsquedas que genéricamente ofrecen los nuevos métodos de participación.

BIBLIOGRAFÍA

Ackoff, Russell, "La ciencia en la era de los sistemas: más allá de la ingeniería industrial y la investigación operativa", *Operations Research*, Vol. 21, N° 3, mayo-junio 1973.

Ackoff, Rusell, *The Art o f problem solving*, New York: John Wiley & Sons, 1978.

Bateson, Gregory, *Pasos hacia una ecología de la mente*, Buenos Aires-México: Carlos Lohlé, 1972.

Bateson, Gregory, *Espíritu y naturaleza*, Buenos Aires: Amorrortu Editores, 1979.

Bion, W. R. y Rickman, J., "Intra-Group Tensions in Therapy", *Lancet*, 27 de noviembre de 1943.

Bion, W. R., "Psychiatry at a Time of Crisis", *British Journal of Medical Psychology*, 1948, 21, pp. 81-89.

Bion, W. R., *Experiencia en grupos*, Buenos Aires: Paidós, 1967.

Bleger, José, *Psicohigiene y psicología institucional*, Buenos Aires: Paidós, 1966.

Bleger, José, *Psicología de la conducta*, Buenos Aires: Eudeba, 1962.

Bleger, José, *Simbiosis y ambigüedad*, Buenos Aires: Paidós, 1967.

Brown, W., *Exploration in Management*, London: Heinemann, 1960.

Caplan, Gerald, *Principios de psiquiatría preventiva*, Buenos Aires: Paidós, 1985.

Caplan, Gerald, *Support Systems and Community Mental Health: Lectures on Concept Development*, New York: Behaviorals Publications, 1974.

Cohn, Norman, *Los demonios familiares de Europa,* Madrid: Alianza, 1975.

Cohn, Norman, *En pos del milenio,* Madrid: Alianza, 1983.

Drucker, Peter, *La gerencia,* Buenos Aires: El Ateneo, 1973.

Drucker, Peter, *La innovación y el empresario innovador,* Buenos Aires: Sudamericana, 1986.

Drucker, Peter, *The new realities,* New York: Harper and Row, 1989.

Freud, Sigmund, *Duelo y melancolía,* Volumen IV, Buenos Aires: Amorrortu, 1925.

Freund, Julien, "Observaciones sobre dos categorías de la dinámica polemógena. De la crisis al conflicto". En "El concepto de crisis", *Communications,* N° 25, París, 1976.

Herrigel, Eugen, *El Zen en el arte del tiro de arco,* Buenos Aires: Editorial Kier, 1993.

Jaques, Elliott, *The changing culture of a factory,* London: Tavistock Publications, 1952.

Jaques, Elliott, *Equitable payment,* London: Heinemann Publications, 1961.

Jaques, Elliott, *Time span handbook,* London: Heinemann, 1964.

Jaques, Elliott, *A general theory of bureaucracy,* London: Heinemann, 1976.

Jaques, Elliott, *La organización requerida,* Buenos Aires: Granica, 2000.

Jaques, Elliott, *The life and behavior of living organisms,* London: Praeger, 2002.

Käes, René, *La institución y las instituciones,* Buenos Aires: Paidós, 1989

Käes, René y otros, *Crisis ruptura y superación,* Buenos Aires: Ediciones Cinco, 1979.

Käes, René, *Le groupe et le sujet du group,* Paris: DUNOD, 1993.

Katz, A. y Kahan, R.L., *The social pshycology of organizations,* New York: John Wiley and Sons, 1969.

Kuhn, T.S., *La estructura de las revoluciones científicas,* México: FCE, 1962.

Klein, Melanie y col., *Desarrollos en psicoanálisis,* Buenos Aires: Ediciones Hormé, 1962.

Klein, Melanie, *Our Adult World and its Roots in Infancy,* London: Tavistock Publications, 1967.

Lacan, Jacques, "Juventud de Gide o la letra y el deseo", *Critique,* abril de 1958.

Lacan, Jacques, "La psiquiatría inglesa y la guerra", *L'evolution psychiatrique,* vol. 1, 1947.

Lacan, Jacques, *Seminario 16. Del otro al otro,* Clase 4, diciembre de 1968.

Lewin, Kurt, *A dynamic theory of personality,* New York: McGraw-Hill, 1935.

Lewin, Kurt, *Resolving social conflicts,* New York: Harper and Row, 1947.

Lewin, Kurt, *Field Theory in Social Science,* London: Tavistock Publications Limited, 1952.

Margulis, Lynn & Sagan, Dorion, *What is Life?,* New York: Simon and Schuster, 1995.

Marris, Peter, *Loss and Change,* London: Routledge & Kegan Paul, 1974.

Maturana, Humberto y Varela, Francisco, *El árbol del conocimiento,* Santiago de Chile: Editorial Universitaria, 1984.

Maturana, Humberto R., *El sentido de lo humano,* Santiago de Chile: Hachette, 1991.

Mendel, Gerald, *Sociopsicoanálisis,* Buenos Aires: Amorrortu Editores, 1980.

Mintzberg, Henry, *The Rise and Fall of Strategic Planning,* New York: The Free Press - Macmillan, 1994.

Morin, Edgar, "Para una crisiología", Centre National de la Recherche Scientifique. Publicado en *El concepto de crisis,* Ediciones Megalópolis, 1976, pp. 278 y ss. Traducción de *Communications* N° 25.

Morin, Edgar, *Introducción al pensamiento complejo,* Barcelona: Gedisa, 1990.

Palomino, Héctor, y Schvarzer, Jorge, "Del pleno empleo al colapso". En "Trabajo: el dolor de no tener", *Encrucijadas UBA*, revista de la Universidad de Buenos Aires, Año 1, N° 2, dic. 2000.

Piaget, J., *Psicología de la inteligencia*, Buenos Aires: Psique, 1955.

Rest, Jaime, *Conceptos de literatura moderna*, Buenos Aires: CEAL, 1991.

Romero, Luis, *La crisis en la Argentina*, Buenos Aires: Siglo XXI, 2002.

Schein, Edgard H., *Psicología de la organización*, Madrid: Prentice Hall International, 1972.

Schein, Edgard, H., *La cultura empresarial y el liderazgo*, Barcelona: Plaza & Janes, 1985.

Schlemenson, Aldo, *Análisis organizacional y empresa unipersonal. Crisis y conflicto en contextos turbulentos*, Buenos Aires-Barcelona: Paidós, 1989.

Simonton, O. Carl y Simonton, Stephanie, "Belief System and Management of Emotional Aspects of Malignancy", *Journal of Transpersonal Psychology* N° 1, 1975.

Ulloa, Fernando, "La torre de Babel y el psicoanálisis". En *Sobre la teoría y la práctica*. Publicación de la Asociación de Psicólogos de Buenos Aires, 1981.

Ulloa, Fernando, *Novela clínica psicoanalítica. Historial de una práctica*, Buenos Aires-Barcelona: Paidós, 1995.

Watzlawick, Paul, *¿Es real la realidad?*, Barcelona: Herder, 1979

Watzlawick, Paul, *La realidad inventada*, Barcelona: Gedisa, 1981.

Weber, Max, *The theory of social and economic organization*, Glencoe: The Free Press, 1947

Weber, Max, *La ética protestante y el espíritu del capitalismo*, Barcelona: Península, 1969.

264 pags

8 pliegos mas 8